Kuno Hottenrott / Martin Zülch

Ausdauertrainer

LAUFEN

Training mit System

**Mit Fotos von
Horst Lichte**

Rowohlt

5. Auflage März 2001

Originalausgabe
Veröffentlicht im
Rowohlt Taschenbuch Verlag GmbH,
Reinbek bei Hamburg, September 1997
Copyright © 1997 by
Rowohlt Taschenbuch Verlag GmbH,
Reinbek bei Hamburg
Umschlaggestaltung Peter Wippermann / Jürgen Kaffer
Foto: IFA-Bilderteam-Ventura
Redaktionsassistenz Thorsten Krause
Grafik Jörg Mahlstedt
Satz Minion und Syntax PostScript,
QuarkXPress 3.32
Gesamtherstellung Clausen & Bosse, Leck
Printed in Germany
ISBN 3 499 19454 6

INHALT

LAUFEN

Laufen ist die natürlichste Fortbewegung des Menschen. Für viele Millionen Läufer ist es zugleich die schönste Sportart. Fasziniert von dem Gefühl der Freiheit, sich bei Wind und Wetter durch eigene Kraft in Bewegung zu setzen, werden täglich unzählige Kilometer rund um den Erdball zurückgelegt. Unabhängig von gesellschaftlicher Stellung, Rasse oder Konfession erfreut sich der Laufsport größter Beliebtheit. Mit einem Minimum an Ausrüstung, im Extremfall sogar ohne Schuhe, können beachtliche Erfolge erzielt werden. Läufer sind unabhängig von festen Trainingszeiten und speziellen Sportstätten, sie können fast immer und überall ihrem Bewegungsdrang nachgehen.

Für die einen hat die gleichförmige Laufbewegung fast meditativen Charakter, während andere im harten Wettstreit ihre Motivation zum Laufen finden. Viele Menschen laufen, um etwas für ihre Fitneß und Gesundheit zu tun. Sie schätzen das wohlige Gefühl der Entspannung, das sich nach dem Laufen einstellt. Jeder spürt, wie sein Organismus auf die Anstrengung reagiert, sein Herz kräftiger und schneller schlägt, sein Atem tiefer wird und der Schweiß aus allen Poren tritt. Die Zahlen des Deutschen Leichtathletik Verbandes (DLV) sind eindrucksvoll: In Deutschland laufen etwa 6,5 Millionen Menschen, man zählt etwa 2300 Lauftreffs und 2700 Volkslaufveranstaltungen jährlich, auf denen Laufbegeisterte gemeinsam ihren Sport ausüben. Mehrere Marathonveranstaltungen im Frühjahr und Herbst sind für viele tausend Läufer Herausforderung und Abenteuer im Erleben der eigenen Leistungsfähigkeit.

Wollen Sie Ihre persönliche Leistungsfähigkeit austesten oder an Wettkämpfen teilnehmen, so setzt dies ein regelmäßiges Training voraus, um den Körper auf die Anforderungen einzustellen. Die sportliche Leistungsfähigkeit des Läufers wird von vielen Faktoren bestimmt. Auf ihre genetischen Anlagen und die Umweltbedingungen haben Sie als Läufer keinen Einfluß. Sie selbst können Ihre Leistungsfähigkeit jedoch über die Trainings- und Regenerationsmaßnahmen, die Ernährung und die psychische Einstellung beeinflussen. Eine wichtige Rolle spielt ihr soziales Umfeld. Ein leistungsorientierter Sportler braucht den Beistand, oft auch die Toleranz seiner Familie bzw. seines Partners, um die regelmäßigen Trainings- und eventuell Wettkampfanforderungen zu bewältigen. Die Trainingszeit sollte so bemessen sein, daß Sie wichtige Lebensbereiche, wie die Familie, den Beruf oder die Ausbildung, nicht vernachlässigen. Nur vor diesem Hintergrund läßt sich Ihr Training effektiv planen.

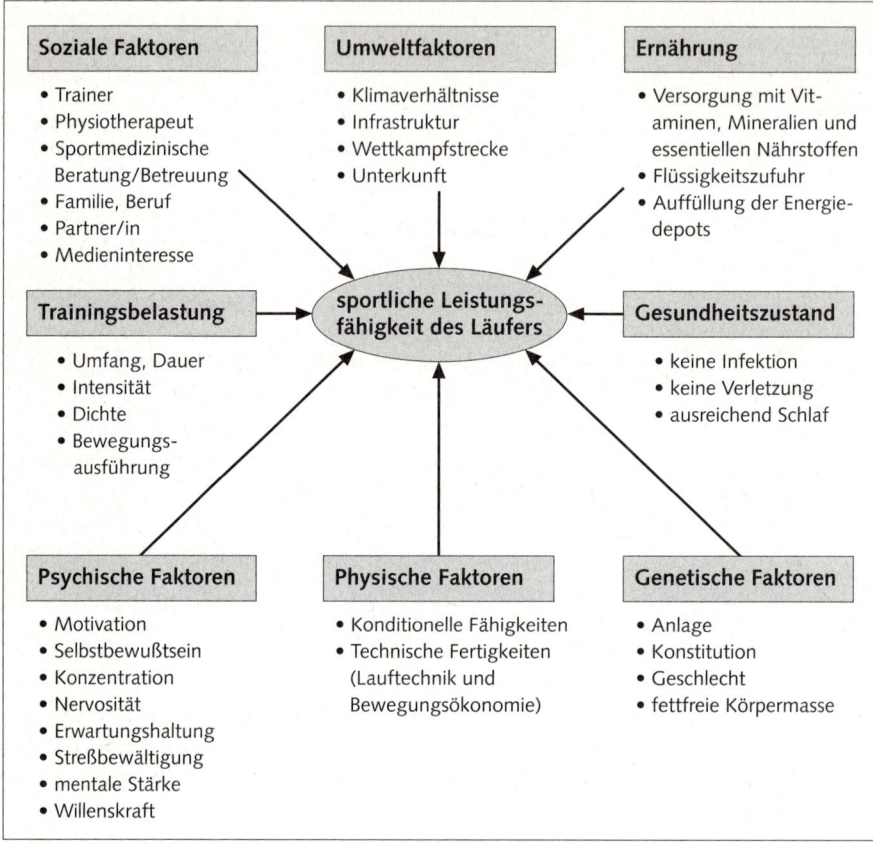

Einflußfaktoren auf die sportliche Leistungsfähigkeit des Läufers

Um die konditionellen Fähigkeiten, insbesondere die Ausdauer, zu entwickeln, müssen Sie bestimmte Trainingsbelastungen realisieren. Die Höhe der Trainingsbelastungen ist abhängig von Ihrer aktuellen Leistungsfähigkeit, den Zielen, die Sie sich gesteckt haben, und der zur Verfügung stehenden Trainingszeit. Mit diesem Buch wollen wir Wege aufzeigen, wie Sie die konditionellen Voraussetzungen für gesundheitlich verträgliches Laufen legen und Ihre Leistungsfähigkeit steigern können. Technische Errungenschaften wie drahtlose Herzfrequenz- und tragbare Lactat-Meßgeräte ermöglichen einfach und praxisnah, die wissenschaftlichen Methoden aus dem Hochleistungssport zu nutzen. Das Buch gibt Ihnen konkrete Anweisungen, wie Sie die technischen Hilfsmittel in Ihrem Training praktisch anwenden können. Es werden verschiedene Testverfahren zur Ermittlung Ihrer individuellen Leistungsfähigkeit und zur Bestimmung der Trainingsintensitäten detailliert erläutert und eine Vielzahl von Trainingsprogrammen sowie mehrwöchige Trainingspläne für unterschiedliche Zielsetzungen und Leistungsklassen (Freizeitjogger, Volksläufer, Marathonläufer) vorge-

stellt. Mit dem «Ausdauertrainer» können Sie direkt, ohne größeres theoretisches Vorwissen, beginnen, professionell zu trainieren. Die wichtigsten Fragen zum Training und zum Trainingslager, zur Gymnastik, zum Krafttraining und zur Regeneration werden beantwortet.

Um mit dem Ausdauertrainer richtig arbeiten zu können, empfehlen wir Ihnen folgende Vorgehensweise:

1. Bestimmen Sie Ihre aktuelle Leistungsfähigkeit mit einem der angebotenen Testverfahren.
2. Ordnen Sie sich einer der vorgegebenen Leistungsklassen zu und wählen Sie den entsprechenden Mehrwochentrainingsplan aus.
3. Beginnen Sie mit dem Training!
4. Nach 4 bis 6 Wochen sollten Sie Ihre Leistungsfähigkeit neu bestimmen und die Trainingsintensitäten an Ihre aktuelle Leistungsfähigkeit anpassen.

Auch wenn wir Ihnen in den Trainingsplänen sehr konkrete Vorgaben machen, sollten Sie den Ausdauertrainer flexibel handhaben und an Ihre persönlichen Voraussetzungen und Gegebenheiten anpassen.

AUSRÜSTUNG

Das Schöne am Laufsport ist, daß man fast immer und überall laufen kann. Besonders die Schuhe als Schnittstelle zwischen Füßen und Untergrund sollten sorgfältig ausgewählt werden. Mit funktioneller Bekleidung haben Sie gute Voraussetzungen für ein systematisches Lauftraining zu jeder Jahreszeit. Die folgenden Tips können Ihnen bei einer gezielten Auswahl helfen.

Die Schuhe

Schon beim langsamen Joggen wirken relativ hohe Kräfte auf das aktive und passive Bewegungssystem.

Die Auftreffbelastungen der Füße können das Zwei- bis Dreifache des Körpergewichtes betragen und nehmen bei höherer Laufgeschwindigkeit auf das Fünf- bis Sechsfache zu. Deshalb muß ein guter Laufschuh vor allem in der vorderen Stützphase beim Fußaufsatz die Stoßbelastung im Fersenbereich dämpfen, beim Abrollen muß er den Fuß stützen, und in der Abdruckphase muß er ihn führen. Der Schuh ist also als Prophylaxe vor Überbeanspruchungen und Verletzungen wichtig.

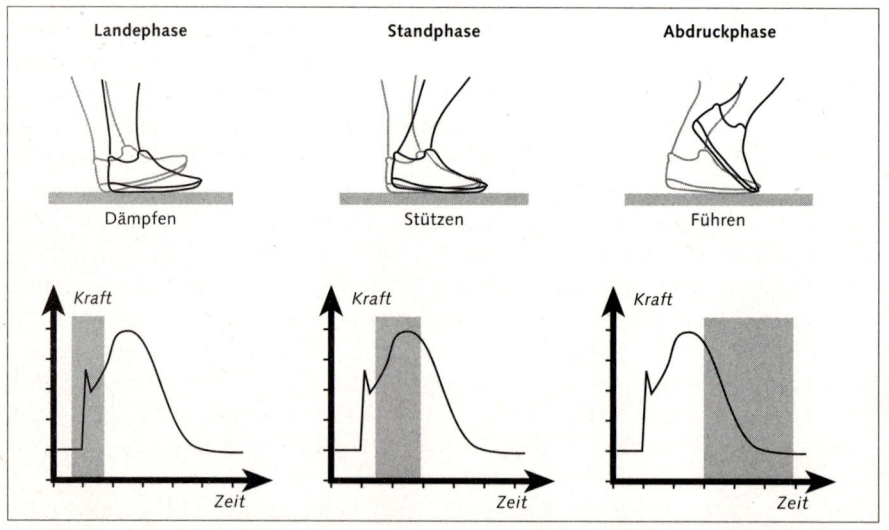

Die drei Phasen beim Laufen, die darauf bezogenen Eigenschaften der Schuhe und der entsprechende Bereich der vertikalen Bodenreaktionskraft (nach Stacoff 1995).

Quelle: Stacoff / Fit for Life

Beim Kauf Ihrer Laufschuhe sollten Sie mehrere Kriterien berücksichtigen. Stacoff (1996) hat dazu ein Raster als Entscheidungshilfe mit fünf Beobachtungskriterien hinsichtlich der Hauptfunktionen Dämpfen, Stützen und Führen erarbeitet:

1. Nehmen Sie Ihre *alten Laufschuhe* mit ins Fachgeschäft, um die Abnutzungserscheinungen der getragenen Schuhe zu beurteilen.
2. Analysieren Sie Ihren *Fußtyp* bezüglich individueller Abweichungen vom ‹Normalfuß›, wie Hohlfuß, Knick-Senkfuß oder Spreizfuß.
3. Beobachten Sie Ihren *Laufstil* hinsichtlich Fußaufsatz und -stellung während der Stützphase: Bei Überpronation (verstärktes Abknicken des Fußes nach innen) ist ein medial stützender Schuh, bei Übersupination (verstärktes Laufen über den Fußaußenrand) ein lateral führender Schuh angezeigt.
4. Beachten Sie mögliche *Beschwerden*, die im Zusammenhang mit Laufstil und Fußtyp häufig auftreten. Die Überpronation führt zu einer Innenrotation des Unterschenkels, dies kann Überbeanspruchungen und Probleme im Bereich des Kniegelenks (Innenseite), der medialen (inneren) Schienbeinkante und der Achillessehne auslösen. Solchen Beschwerden können Sie mit orthopädischen Einlagen begegnen, achten Sie in diesem Fall darauf, daß die Einlagen langsohlig und im Schuh beweglich sind. Holen Sie für eine solche Korrektur auf jeden Fall den Rat eines Sportarztes oder Orthopäden ein.
5. Bestimmen Sie die *Bodenverhältnisse* im vorwiegenden Einsatzbereich der Laufschuhe. Aufbau und Profil der Laufsohle müssen sich nach den äußeren Bedingungen richten. Der Lauf auf einem stärker nachgebenden Untergrund von Wald und Parkwegen hat den Vorteil, daß Sie bei Landung und Abdruck mit dem Schuh etwas über den Boden rutschen (0,5 bis 1,5 cm), was die auftretenden Kräfte und damit die Belastungen in der Unterschenkelmuskulatur reduziert. Beim Lauf auf Asphalt sollten Sie auf jeden Fall Schuhe mit sehr guten Dämpfungseigenschaften wählen.

Um aus der Vielzahl der Modelle den passenden Schuh zu finden, sollten Sie sich im Fachgeschäft beraten lassen. Häufig werden Videoanalyse und Meßsohlen zur Beurteilung des Gangbildes eingesetzt. Die Schuhe haben die richtige Paßform, wenn die Zehen in aufrechtem Stand etwa daumenbreit Platz haben und auf die Fußbreite abgestimmt sind, sie also die physiologische Abrollbewegung des Fußes hinsichtlich Länge, Weite und Breite nicht einschränken. Derzeit gibt es nur wenige Hersteller, die für eine bestimmte Schuhgröße mehrere Weiten anbieten. Laufen Sie mehr als 50 Kilometer in der Woche und mehrmals pro Woche in unterschiedlichem Gelände, so sollten Sie mindestens zwei Paar Laufschuhe benutzen, um einseitige, vom Schuh resultierende Beanspruchungen zu vermeiden und um den Schuh dem Trainingsterrain anzupassen. Den idealen Laufschuh für Wettkampf *und* Training gibt es nicht. Der Wettkampfschuh ist wesentlich leichter, flexibler und weniger gedämpft als ein stabiler Trainingsschuh. Wollen Sie einen Stadtmarathon laufen und gehören Sie zu den etwas schwereren Läufern, kann es durchaus von Vorteil sein, einen Trainingsschuh zu benutzen. Neue Schuhe sollten vor Wettkämpfen oder langen Trainingseinheiten eingelaufen werden.

Beobachtung	**Dämpfen**	**Stützen**	**Führen**
Alte Schuhe	Fersenbereich der Zwischensohle defekt	Linker Schuh Schuh nach innen deformiert	Linker Schuh Schuh nach außen deformiert
Fußtyp	Hohlfuß	Kick-Senkfuß	Spreizfuß Hohlfuß
Laufstil	Fersenlauf	Überpronation	Übersupination
Beschwerden	Rücken / Ferse	Knie / Schienen- beinkante medial	Hüfte lateral / Knie
Boden-verhältnisse	Hauptsächlich hart; z.B. Asphalt, Kunstoff-bahn, harte Wege	Hauptsächlich weich; z.B. Finnenbahn, Rasen	Hauptsächlich weich; z.B. Finnenbahn, Rasen
TOTAL			

Raster zur Entscheidungshilfe bei der Auswahl von Laufschuhen. Kennzeichnen Sie die zutreffenden Felder. Die Spalte mit den meisten Kreuzen gibt die Hauptfunktion an, die der Schuh erfüllen muß (nach Stacoff 1996).
Quelle: Stacoff / Fit for Life

Kein Laufschuh kann Defizite im Laufstil vollständig korrigieren oder gar den Fuß in eine ‹Normalstellung› bringen, sondern höchstens die individuellen Ausprägungen des Laufstils (z. B. Überpronation) stützen. Auch der beste Schuh ersetzt keine aktiven Maßnahmen wie die Kräftigung der Fuß- und Beinmuskulatur, Gymnastik und Übungen zur Laufkoordination.

Bekleidung

Die Laufbekleidung richtet sich nach den Witterungsverhältnissen, wie Außentemperatur und Windstärke, sowie der Laufgeschwindigkeit (Training oder Wettkampf). Im Wettkampf darf die Bekleidung die Wärmeabgabe über die Haut nicht behindern. Die modernen synthetischen Fasern, die hervorragend Feuchtigkeit (Schweiß) von der Haut abtransportieren, halten die Haut trocken und warm und sind besonders bei kühlen Witterungsverhältnissen (unter 12 °C) angebracht. Unterkühlte Muskeln sind in erhöhtem Maße verletzungsanfällig. Bei höheren Temperaturen (über 20 °C) ist jedoch ein Baumwolltrikot günstig und angenehm, weil es den Schweiß nicht abgibt und Verdunstungskälte auf der Haut entsteht. Dies führt zu einem Kühleffekt für den erhitzten Organismus mit der Folge einer erhöhten Leistungsfähigkeit (Neumann/Feyerabend 1995). Nach dem Training kann jedoch genau diese Verdunstungskälte zu einem unangenehmen Auskühlen des erhitzten Körpers führen, Wind verstärkt dies noch zusätzlich. Deshalb sollten Sie unmittelbar nach dem Training duschen oder zumindest trockene, wärmende und winddichte Kleidung bereithalten. Da die Körpertemperatur im hohen Maße über die Kopfhaut reguliert wird, ist bei niedrigen Temperaturen eine Kopfbedeckung (Mütze) zum Schutz vor starkem Wärmeverlust nötig. Bei Hitze (über 25 °C) schützt eine Kopfbedeckung (Schirmmütze) vor direkter Sonneneinstrahlung. Ein feuchtes Kopftuch begünstigt zusätzlich die Wärmeabgabe durch die entstehende Verdunstungskälte.

DIE RICHTIGE TRAININGSBELASTUNG

Aerobe und anaerobe Energiebereitstellung

Wie Sie aus eigener Erfahrung wissen, benötigt man zum Laufen viel Energie, sie wird aus den Nährstoffen der Kohlenhydrate, Fette und Eiweiße gewonnen. Diese Nährstoffe müssen in biologisch verwertbare Energie umgewandelt werden, um sie zur Muskelleistung einsetzen zu können. Der molekulare Energieträger für nahezu sämtliche Stoffwechselprozesse ist Adenosintriphosphat (ATP). Dies ist die einzige Substanz, die biologische Energie direkt an die kontraktilen Elemente der Muskulatur führt und dort in mechanische Arbeit umsetzt. Das ATP wird unter Freisetzung von Energie in Adenosindiphosphat (ADP) und anorganisches Phosphat (P) gespalten.

ATP $\longrightarrow$ ADP + P + Energie (für Muskelkontraktion)

Der ATP-Vorrat in der Muskulatur reicht jedoch nur für wenige Muskelkontraktionen. Neues ATP kann über drei Wege bereitgestellt (resynthetisiert) werden:
· aerober Stoffwechselweg
· anaerob alactazider Stoffwechselweg
· anaerob lactazider Stoffwechselweg

Welchen Abbauweg Ihr Organismus zur Energiegewinnung benutzt, ist primär von der Belastungsintensität und der Belastungsdauer abhängig.

Bei der *aeroben Energiegewinnung* werden Glukose (Traubenzucker) und die freien Fettsäuren unter Sauerstoffverbrauch in den Kraftwerken der Muskelzellen (Mitochondrien) vollständig in einem relativ langsamen Stoffwechselprozeß zu Wasser und Kohlendioxid abgebaut. Aufgrund der hohen Energievorräte in unserem Körper, besonders der nahezu unerschöpflichen freien Fettsäuren, steht uns bei sehr niedriger Belastungsintensität der aerobe Stoffwechselweg über mehrere Stunden ohne Leistungsverlust zur Verfügung. Erhöhen Sie hingegen die Belastungsintensität über ein gewisses Maß, können Sie den sauerstoffabhängigen aeroben Weg der Energiegewinnung zunehmend weniger nutzen. Der schnellere anaerobe Weg gewinnt an Bedeutung.

Die *anaerob alactazide Energiegewinnung* kann unmittelbar Energie ohne Sauerstoffzufuhr bereitstellen. Dabei wird das in den Muskelzellen gespeicherte Kreatinphosphat genutzt, das jedoch nur für maximal 10 Sekunden zur Verfügung steht.

Dieser Stoffwechselweg dominiert bei kurzfristigen hochintensiven Belastungen (Start, Sprints).

Die *anaerob lactazide Energiegewinnung* baut ausschließlich Traubenzucker (Glukose) bzw. seine Speicherform Glykogen im Zellwasser (Zytoplasma) der Muskelzelle ohne Mitwirkung von Sauerstoff zu Lactat (Salz der Milchsäure) ab. Das Lactat gelangt über den Blutweg zu Leber, Herz, Nieren und unbelasteter Muskulatur und wird dort verstoffwechselt bzw. eliminiert. Wieviel Lactat Sie pro Zeiteinheit eliminieren können, hängt von Ihrem Trainingszustand ab. Trainierte können pro Erholungsminute etwa 0,5 mmol/l Lactat abbauen, Untrainierte hingegen nur etwa 0,3 mmol/l.

Während die freien Fettsäuren nur über den aeroben Weg verbrannt werden, kann die Muskelzelle Kohlenhydrate (Glukose) in Abhängigkeit von der Belastungsintensität auf aerobem und anaerob lactacidem Weg zur Energiegewinnung nutzen. Lactat entsteht immer dann, wenn Sie kurzfristig, wie bei hochintensiven Belastungen der Fall, sehr viel Energie benötigen. Ob nun aber der langsamere **Fettstoffwechsel** oder der schnellere **Kohlenhydratstoffwechsel** primär genutzt wird, ist – wie bereits gesagt – in erster Linie von der Belastungsintensität abhängig. Die Übergänge vom einen zum anderen Stoffwechselweg sind fließend (s. Graphik). So werden beispielsweise beim Fettstoffwechseltraining (s. Programm 3, S. 39) nicht ausschließlich freie Fettsäuren verbrannt, sondern zu einem geringen Anteil auch Glukose.

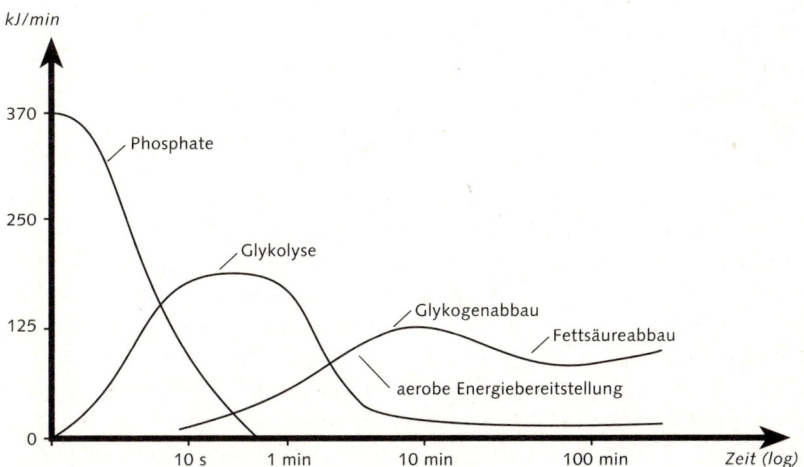

Möglichkeiten der Energiebereitstellung bei maximaler Beanspruchung in Abhängigkeit von der Zeit (modifiziert nach BADTKE et al. 1987).

Alle Stoffwechselwege sind trainierbar! Wenn Sie gut ausdauertrainiert sind, können Sie auch bei etwas höherer Intensität freie Fettsäuren verbrennen mit der Folge, daß Sie Ihre Kohlenhydratspeicher weniger schnell entleeren. Sie haben also für eine längere Dauer oder aber bei Zwischen- und Endspurts noch schnell verfügbare Energiereserven. Sind die Kohlenhydratspeicher völlig erschöpft, kommt es zur Unterzuckerung. Diesen Erschöpfungszustand können und müssen Sie vermeiden, indem Sie bei intensiven und sehr langen Belastungen in regelmäßigen Abständen kohlenhydrathaltige Flüssigkeit trinken. Grundsätzlich besteht eine Beziehung zwischen der Lactatkonzentration im Blut und der Belastungsintensität. Es gilt: je intensiver Sie sich muskulär beanspruchen, desto höhere Lactatwerte werden Sie messen. Vor diesem Hintergrund ordnet man bestimmte Lactatkonzentrationen bestimmten Trainingsbereichen zu (s. Tabelle, S. 17). Allgemein bezeichnet man eine Trainingsbelastung als aerob, wenn die Lactatkonzentration nicht über 2 mmol/l ansteigt, als aerob-anaerob, wenn Werte zwischen 2 und 4 mmol/l gemessen werden. Bei Lactatkonzentrationen von über 4 mmol/l spricht man von anaeroben, bei über 10 mmol/l von stark anaeroben Belastungen.

Die höchste Wirkung des Lauftrainings auf die Ausdauerentwicklung erzielen Sie, wenn Sie die Trainingsintensität und die Belastungsdauer «richtig» aufeinander abstimmen. Nach subjektivem Körperempfinden gelingt dies nur wenigen erfahrenen Sportlern. Oft wird eine Leistungsentwicklung behindert, weil die Belastungsintensität entweder zu hoch oder zu niedrig gewählt wurde. Immer noch glauben viele Läufer, je intensiver das Training, desto effektiver. Daß diese Vorstellung falsch ist, konnten viele wissenschaftliche Studien belegen. Die Ausdauer läßt sich nämlich am besten und wirkungsvollsten bei niedriger bis mittlerer Intensität und bei langer Belastungsdauer entwickeln. Aber auch der Fall der Unterforderung, nämlich immer nur im gleichen lockeren Dauerlauftempo zu laufen, behindert die Leistungsentwicklung. Mit der «richtigen» Trainingsbelastung zu trainieren bedeutet also, daß zur Entwicklung einer Fähigkeit, z.B. der Grundlagenausdauerfähigkeit, eine bestimmte Intensität, Dauer und Häufigkeit der Belastung erforderlich sind. Die Trainingsbereiche werden durch Angabe einer oberen und unteren Herzfrequenz- bzw. Lactatgrenze und durch die Dauer der Einzelbelastung definiert. Die Basisausdauer erwerben Sie mit dem extensiven Grundlagenausdauertraining 1 (GA 1) und dem etwas intensiveren GA 1/2-Training. Um längere Strecken in höherer Geschwindigkeit laufen zu können, ist zudem das noch intensivere Grundlagenausdauertraining 2 (GA 2) erforderlich. Die Kraftausdauer (KA) wird mit extensiven KA-1- und intensiven KA-2-Trainingseinheiten und die wettkampfspezifische Ausdauer (WSA) mit den hochintensiven Einheiten trainiert. In der Tabelle wird ein Überblick über die Trainingsbereiche gegeben.

Training	Ziel	Intensität	Methode
REKOM	Unterstützung der Regenerationsprozesse und Kompensation	sehr niedrig unter 70 Prozent der Hf_{max} Lactat: < 2 mmol / l	Dauermethode
GA 1	Stabilisierung und Entwicklung der Grundlagenausdauer	niedrig bis mittel 65–80 Prozent der Hf_{max} Lactat: < 2 mmol / l	Dauermethode
GA 1 / 2	Ökonomisierung und Entwicklung der Grundlagenausdauer	mittel 75–85 Prozent der Hf_{max} Lactat: < 3 mmol / l	(wechselhafte) Dauermethode Fahrtspiel
GA 2	Erhöhung und Entwicklung der Grundlagenausdauer	mittel bis hoch 80–90 Prozent der Hf_{max} Lactat: < 6 mmol / l	Dauermethode Fahrtspiel extensive Intervalle
WSA	Ausprägung der wettkampfspezifischen Ausdauer	hoch bis sehr hoch über 90 Prozent der Hf_{max} Lactat: > 6 mmol / l	Wettkampfmethode intensive Intervalle Wiederholungsmethode
KA 1	Entwicklung der aeroben Kraftausdauer	mittel 80–85 Prozent der Hf_{max} Lactat: < 3 mmol / l	Dauermethode extensive Intervalle
KA 2	Entwicklung der anaeroben Kraftausdauer	hoch bis sehr hoch 90–95 Prozent der Hf_{max} Lactat: > 4 mmol / l	Wettkampfmethode intensive Intervalle Wiederholungsmethode

Überblick über die Trainingsbereiche

Feldstufentest

Der Feldstufentest ist ein Verfahren zur Bestimmung der Ausdauerleistungsfähigkeit und der Intensitätsbereiche für das Training. Er wird auf einer flachen Strecke, am besten auf einer Laufbahn, durchgeführt. Kenngröße der Ausdauerfähigkeit ist die Geschwindigkeit an der individuellen aeroben und anaeroben Schwelle. Die **individuelle aerobe Schwelle** kennzeichnet den Bereich des optimalen sauerstoffabhängigen Energiestoffwechsels. Die Lactatkonzentration liegt bei etwa 2 mmol/l, bei Hochtrainierten in der Regel unter 1,5 mmol/l. Die **individuelle anaerobe Schwelle** kennzeichnet jene Belastungsintensität, bei der Lactatbildung und -abbau gerade noch im Gleichgewicht stehen. Höhere Intensitäten führen zu einem rapiden Anstieg der Lactatkonzentration im Blut. Der Lactatwert an der anaeroben Schwelle liegt bei etwa 4 ± 1 mmol/l. Bei sehr gut trainierten Läufern kann der individuelle anaerobe Schwellenwert auch unter 3 mmol/l sein. Der Bereich zwischen der aeroben und anaeroben Schwelle wird als aerob-anaerober Übergangsbereich bezeichnet. Wie Sie Ihre individuelle aerobe und anaerobe Schwelle bestimmen, erklären wir anhand einer konkreten Testauswertung.

Testdurchführung

Um eine möglichst sichere Testaussage zu erhalten, muß die Länge der Teststrecke in Abhängigkeit von Ihrer derzeitigen Ausdauerleistung gewählt werden. Je besser Sie trainiert sind und je länger Ihre Wettkampfstrecke ist, desto länger sollte die Teststrecke sein. Wir empfehlen eine Teststrecke für den Freizeitsportler von 1000 m, für Volks- und Marathonläufer von 2000 m und für den Marathonläufer im Leistungsbereich von 3000 m. Bei einer zu kurzen Teststrecke (weniger als 1000 m) ist die Belastungszeit möglicherweise zu kurz, um das in der Beinmuskulatur gebildete Lactat unmittelbar nach der Stufenbelastung in der Fingerbeere oder dem Ohrläppchen zu messen. Die Teststrecke kann aber auch zu lang sein, nämlich dann, wenn Sie auf der letzten Stufe bereits so stark ermüdet sind, daß Sie die Geschwindigkeit auf der letzten Stufe nicht mehr steigern können. Eine Beurteilung Ihrer anaeroben Leistungsfähigkeit ist dann nur sehr eingeschränkt möglich.

Der Feldtest beginnt nach zehnminütigem lockerem Einlaufen. Die Geschwindigkeit für die erste Belastungsstufe wird in Abhängigkeit von Ihrer individuellen Leistungsfähigkeit und der Anzahl der Belastungsstufen festgelegt. Sie starten bei geringer Beanspruchung im aeroben Bereich. Ein Läufer mit einer 10-km-Bestzeit von 42 min sollte den Test mit einer Geschwindigkeit von 6:00 min / km bzw. 10 km / h beginnen. Für die Erhöhung der Belastungsintensität stehen Ihnen zwei Möglichkeiten zur Verfügung:

1. Sie steigern Ihre Geschwindigkeit um jeweils etwa 1,5 km / h, oder
2. Sie orientieren sich an der Herzfrequenz und erhöhen diese um 10 bis 15 Schläge / min auf jeder Stufe. Nach jeder Stufe wird eine kurze Pause von einer Minute zur Blutabnahme eingelegt. Für jede Belastungsstufe werden die Meßgrößen Geschwindigkeit bzw. Laufzeit, Herzfrequenz und Lactat ermittelt. Die Geschwindigkeit wird über eine Lauftabelle (s. Anhang, S. 152) mit Vorgabezeiten für jeweils 100 m gesteuert und kontrolliert.

Testauswertung

Für jede Belastungsstufe wurde die genaue Laufzeit mit den dazugehörigen Herzfrequenz- und Lactatwerten erhoben. Diese Werte müssen Sie nun in ein sogenanntes Lactat- bzw. Herzfrequenz-Geschwindigkeits-Diagramm übertragen. Nehmen Sie am besten Millimeterpapier und zeichnen – wie in der Abbildung auf S. 22 – zwei Ordinatenachsen, links Lactat, rechts Herzfrequenz, sowie eine Abszissenachse für die Geschwindigkeit. Übertragen Sie dann die Meßwertpaare einer jeden Belastungsstufe von Herzfrequenz / Geschwindigkeit und Lactat / Geschwindigkeit in das Diagramm. Verbinden Sie die einzelnen Punkte zu einer Lactat-Geschwindigkeits-Kurve (La-Kurve) und einer Herzfrequenz-Geschwindigkeits-Kurve (Hf-Kurve). Für die Bestimmung der individuellen aeroben und anaeroben Schwelle gibt es mehrere Möglichkeiten. Wir werden Ihnen ein sehr praktikables Verfahren vorstellen, mit dem wir seit Jahren arbeiten und sehr gute Erfahrungen gemacht haben.

Der niedrigste Punkt der La-Kurve entspricht Ihrer individuellen aeroben Schwelle (AS). Im dargestellten Beispiel sind dies 0,9 mmol / l Lactat, gleichzeitig können Sie die dazugehörige Herzfrequenz von 149 Schlägen / min ablesen. Diese beiden Werte markieren die obere Grenze des Grundlagenausdauertrainings 1 (GA 1). Zur Bestimmung der individuellen anaeroben Schwelle (ANS) addieren Sie 1,5 mmol/l Lactat zur AS hinzu, Sie erhalten den Wert 2,4 mmol/l Lactat. Auch hier können Sie wieder die Herzfrequenz zuordnen, in unserem Fall 157 Schläge / min. Diese beiden Werte markieren die untere Grenze des Trainings im Grundlagenausdauerbereich 2 (GA 2). Die obere Grenze des GA-2-Trainings liegt bei maximal 6 mmol/l Lactat. Für unseren Läufer ergibt dies eine Herzfrequenz von 173 Schläge / min. Laufen Sie mit höheren Herzfrequenzen, trainieren Sie in wettkampfspezifischer Intensität (WSA-Bereich).

Eine Leistungsverbesserung stellt sich in dem Diagramm im Vergleich zu Vortests in einer Rechtsverschiebung der Hf- und der La-Kurve dar, sofern die biologischen Werte nicht anderweitig beeinflußt werden (s. S. 22 und 30). Das bedeutet, daß Sie bei gleicher Testleistung niedrigere Lactat- und Herzfrequenzwerte haben.

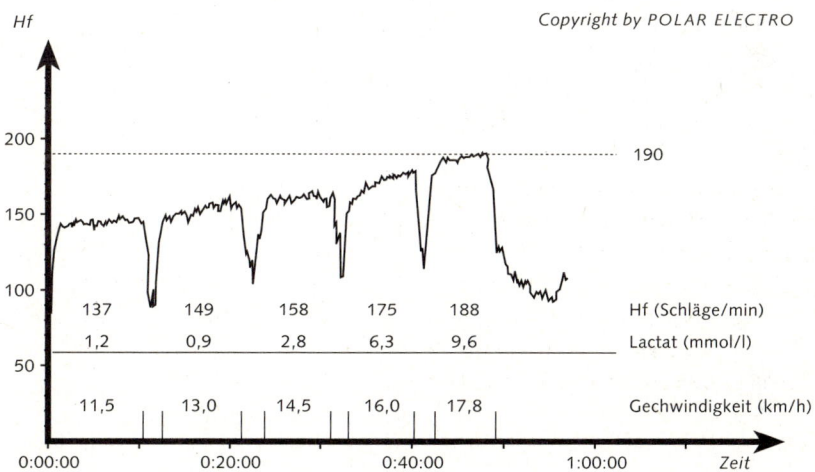

Verlaufskurve von Herzfrequenz, Lactatwerten und gelaufener Geschwindigkeit auf jeder Belastungsstufe während eines Lauf-Feldstufentests.

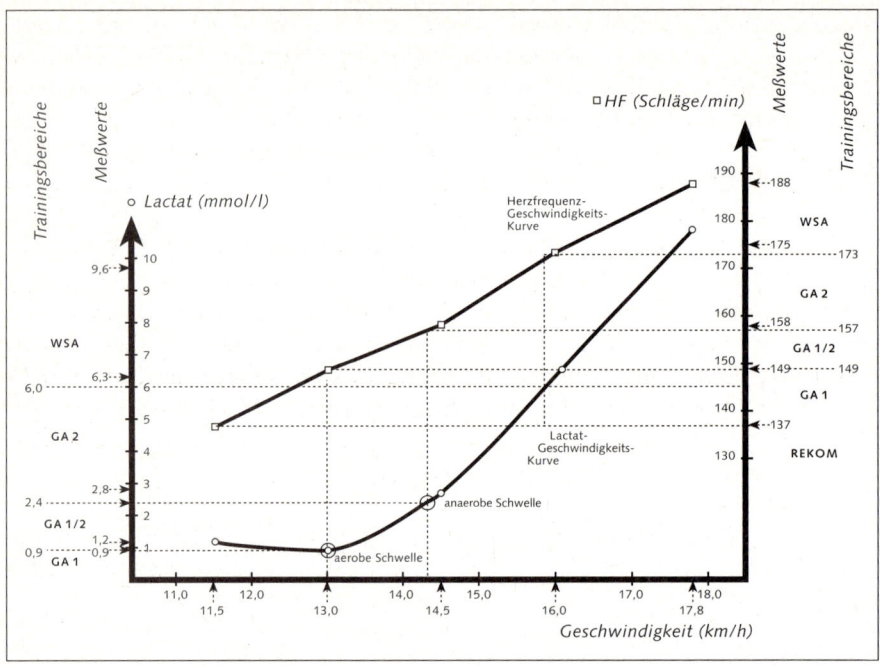

Diagramm zur Bestimmung der individuellen aeroben und anaeroben Schwelle sowie die Trainingsbereiche für das Lauftraining.

Einflußfaktoren auf den Lactatwert

Wenn Sie die Trainingsintensität mit Hilfe von Lactatmessungen steuern und kontrollieren, sollten Sie sich mit den Einflußfaktoren auf den Lactatspiegel auseinandersetzen, um einerseits standardisierte Testbedingungen zu schaffen und andererseits die Meßwerte auch richtig einordnen und interpretieren zu können. Einfluß auf die Lactatbildung haben:

1. *Ernährung:* Haben Sie unmittelbar vor oder während der Belastung zuckerhaltige Getränke (z. B. Cola) getrunken, so können die Lactatwerte im Vergleich zu reiner Wasserzufuhr höher ausfallen. Liegt die letzte Nahrungsaufnahme dagegen mehrere Stunden zurück, so sind etwas niedrigere Werte zu erwarten.

2. *Trainingsvorbelastung:* Durch Vorbelastungen würden Sie nicht nur Ihre Lactatwerte, sondern auch Ihre Herzfrequenzwerte beeinflussen. Sind Ihre Glykogenspeicher nicht hinreichend gefüllt, weil Sie am Vortag zu intensiv trainiert haben oder am Testtag schon trainiert haben, so wird auf den einzelnen Belastungsstufen meist weniger Lactat gebildet. Die Lactat-Geschwindigkeits-Kurve wäre nach rechts verschoben. In einem solchen Fall wäre eine verbesserte Leistungsfähigkeit im aerob-anaeroben Übergangsbereich nur vorgetäuscht.

3. *Bekleidung:* Bei sportlichen Aktivitäten sollten Sie immer auf eine den Temperatur- und Witterungsverhältnissen angepaßte Kleidung achten. Gewährleistet die Bekleidung keinen hinreichenden Wärmeaustausch, steigen die Herzfrequenz und die Lactatwerte an. Tragen Sie dagegen bei hohen Temperaturen Baumwolltrikots, die den Schweiß aufsaugen können, unterstützen Sie durch die entstehende Verdunstungskälte die Wärmeabgabe. Niedrigere Beanspruchung und niedrigere Herzfrequenz und Lactatwerte sind die Folge.

4. *Testdesign:* Die Anzahl und Länge der Teilstrecken sowie die Erhöhung der Geschwindigkeit von Stufe zu Stufe haben einen Einfluß auf das Testergebnis. Standardisieren Sie von daher das Testverfahren nach den oben erläuterten Vorgaben.

5. *Tageszeit:* Wie sie vielleicht aus eigenen Erfahrungen wissen, unterliegt die Leistungsfähigkeit einer Periodik im Tagesverlauf. So können Sie beispielsweise frühmorgens direkt nach dem Aufstehen noch keine Höchstleistung vollbringen, die Belastungswerte wären erniedrigt. Damit Ihre Testergebnisse vergleichbar sind, sollten Sie die Tests stets zur selben Tageszeit durchführen.

Werden diese Einflußfaktoren bei der Festlegung der Trainingsbereiche nicht berücksichtigt, kann es passieren, daß Sie für die Belastungssteuerung falsche Intensitäten vorgeben.

Herzfrequenzmessung

Die Herzfrequenz wird gewöhnlich in Schlägen pro Minute angegeben. Bei Herzfrequenz-Meßgeräten wird aus einer bestimmten Anzahl von Herzschlägen der Herzfrequenz-Minutenwert berechnet (z. B. aus gleitendem Mittelwert über 5 Herzschläge). Nach der herkömmlichen palpatorischen Methode, d. h. den Puls an der Halsschlagader oder am Handgelenk zu fühlen, müßten Sie den Lauf unterbrechen, den Puls suchen und über 6 bis 10 Sekunden die Schläge zählen, um daraus den Minutenwert zu berechnen. Nicht nur, daß Sie Ihr Training unterbrechen müßten, der ermittelte Wert wäre auch noch sehr ungenau, da gerade in den ersten zehn bis zwanzig Ruhesekunden die Herzfrequenz rapide sinkt. Der Meßfehler zur realen Herzfrequenz kann bis zu 20 Schläge pro Minute betragen, und das per Hand ermittelte Ergebnis verliert jegliche Aussagekraft. Mit einem Herzfrequenz-Meßgerät dagegen läßt sich die Herzfrequenz auch während des Trainings permanent EKG-genau bestimmen. Damit Sie aus der Herzfrequenzmessung auch einen maximalen Nutzen schöpfen können, sind gewisse Kenntnisse erforderlich. Dazu zählen: Kenntnisse über die Ruhe-, Belastungs- und Erholungs-Herzfrequenz, Kenntnisse zur Herzfrequenz-Variabilität, Einflußfaktoren auf die Herzfrequenz, besondere Symptome der Herzfrequenz und die Bedeutung für das Training.

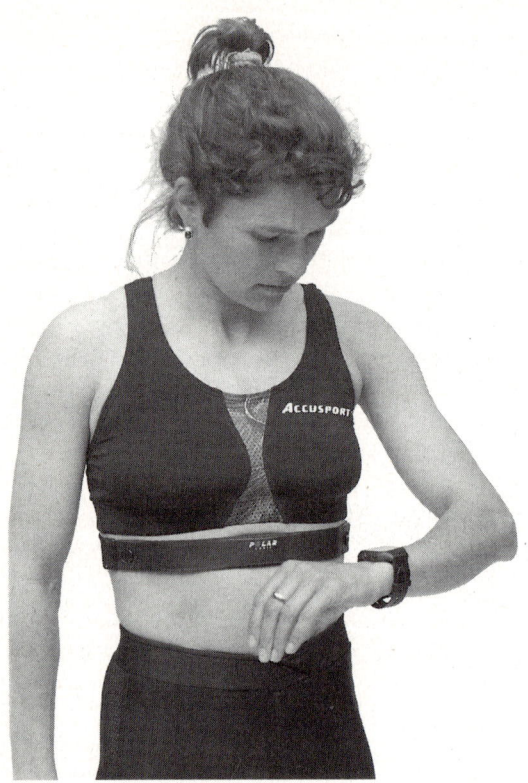

Mit der fortwährenden Herzfrequenzmessung kann die Belastungsintensität kontrolliert und exakt eingehalten werden.

Ruhe-Herzfrequenz

Die Ruhe-Herzfrequenz bestimmen Sie morgens vor dem Aufstehen im Liegen über eine Minute palpatorisch. Ausdauertraining führt zu einer Hf-Erniedrigung in Ruhe. Ausdauertrainierte Sportler haben eine Ruhe-Hf von 50 Schlägen / min und darunter. Bei hochtrainierten Langstreckenläufern wurden Werte unter 40 Schlägen / min gemessen. Trotzdem besteht bei Ausdauertrainierten nur ein schwacher Zusammenhang zwischen der Ruhe-Herzfrequenz und der Ausdauerleistung. Die wichtigste Bedeutung hat die Ruhe-Hf zur Kontrolle des Gesundheitszustandes. Erste Anzeichen für gesundheitliche Störungen wie z. B. grippale Infekte äußern sich in einer Erhöhung der Ruhe-Hf. Ist Ihre Ruhe-Hf um mehr als 10 Schläge / min erhöht, sollten Sie nicht oder nur mit geringer Intensität im REKOM-Bereich trainieren.

Trainings-Herzfrequenz

Die Trainings-Herzfrequenz hat für die Beurteilung der Belastungsintensität eine große praktische Bedeutung erlangt, da sie den Grad der körperlichen Beanspruchung widerspiegelt. Ohne ein tragbares Pulsmeßgerät läßt sich die aktuelle Belastungs-

Herzfrequenz nicht exakt ermitteln.

Maximale Herzfrequenz und Wettkampf-Herzfrequenz

Die Herzfrequenz, die Sie maximal erreichen können (Hf_{max}), ist abhängig von Ihrem Lebensalter, Ihrem Geschlecht, Ihrer Leistungsbereitschaft, Ihrer muskulären Mobilisationsfähigkeit und Ihrer sportartspezifischen Leistungsfähigkeit. Kinder erreichen problemlos 200 Schläge/min. Auch Frauen neigen zu höheren Herzfrequenzen, so daß Sportlerinnen bei vergleichbarer Leistungsfähigkeit etwa um 10 Schläge/min höhere Hf-Werte haben als Sportler. Der aus der Formel «Maximale Herzfrequenz = 220 minus Lebensalter in Jahren» bestimmte Herzfrequenz-Wert bleibt für die Intensitätsfestlegung nur ein grobes Maß. Dieser Wert kann stark von der tatsächlichen Hf_{max} abweichen. Die Trainingsintensitäten können Sie genauer festlegen, wenn Sie die Hf_{max} durch einen Maximaltest (s. Programm 19, S. 53) bestimmen und diesen in regelmäßigen Abständen (4 bis 6 Wochen) zur Kontrolle wiederholen. Voraussetzung für den Test ist ein guter Gesundheitszustand und daß aus ärztlicher Sicht keine Einwände gegen einen Ausbelastungstest bestehen. Aus der individuellen Hf_{max} können Sie Ihre Trainings-Herzfrequenzen prozentual ableiten (s. Anhang, S. 151).

Bei der Bestimmung der Hf_{max} kann es durchaus vorkommen, daß unter dem Einfluß eines hohen, mehrwöchigen aeroben Ausdauertrainings oder nach starken Trainingsbelastungen am Vortag eine volle Aktivierung des Herz-Kreislauf-Systems nicht möglich ist und Sie die Hf_{max} nicht erreichen. Dies gilt auch für die Herzfrequenz im Wettkampf. Wenn Sie nicht hinreichend erholt sind, werden Sie im Wettkampf keine hohen Herzfrequenzen erreichen.

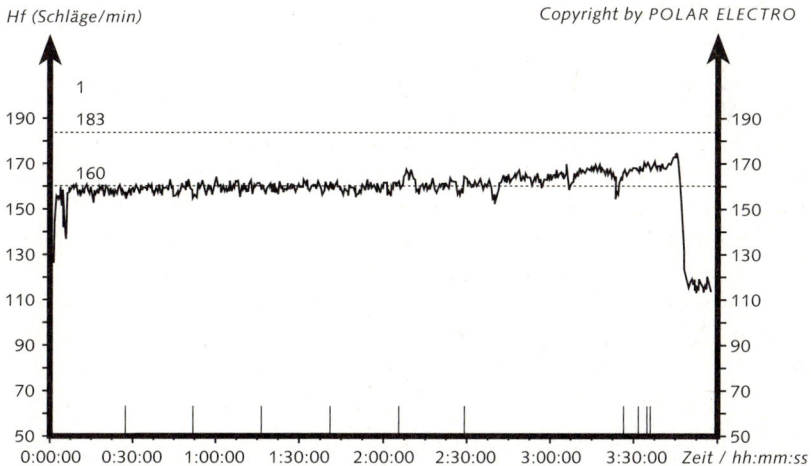

Herzfrequenz-Verlauf einer 48jährigen Marathoneinsteigerin. Die 1. Hälfte des Rennens wurde nach individuellen Herzfrequenz-Vorgaben gelaufen. Die hohen Herzfrequenz-Werte der 2. Hälfte und der Endspurt deuten auf einen guten Leistungszustand und eine taktisch kluge Renneinteilung hin.

Erholungs-Herzfrequenz

Aus dem Herzfrequenz-Rückgang nach Belastungsende (= Erholungs-Hf) können Sie Ihren Trainingszustand gut abschätzen. Bei besserer Leistungsfähigkeit erholt sich das Herz-Kreislauf-System schneller von der vorausgegangenen Belastung. Die Erholungs-Herzfrequenz ist ein feiner Gradmesser der Regenerationsfähigkeit. Haben Sie sich stark beansprucht oder gar überanstrengt, kommt es zu einem verzögerten Abfall der Herzfrequenz. Der Abfall der Herzfrequenz ist abhängig von der Intensität und Dauer der vorausgegangenen Belastung. Bei Ausdauertrainierten wurde nach dem Maximaltest (s. Programm 14, S. 50) in der 1. Erholungsminute ein Herzfrequenz-Rückgang von 40 bis 50 Schlägen gemessen. Nach 3 Minuten wurden Werte unter 110 Schläge/min erreicht. Nach einem Rennen kann das Erreichen des Ausgangs- bzw. Ruhewertes jedoch Stunden dauern. Je stärker und länger der Organismus beansprucht war, desto langsamer kehrt Ihre Herzfrequenz zum Ausgangswert zurück.

Herzfrequenz-Variabilität

Das Herz schlägt nicht im gleichen Zeittakt, sondern variiert von Schlag zu Schlag. Die Variation bzw. Variabilität beschreibt die Fluktuation der Herzschläge und ist eine natürliche Erscheinung der Herztätigkeit, die sich aus der fortwährenden Änderung der beschleunigenden (sympathischen) und dämpfenden (parasympathischen) nervalen Erregung sowie aus der Steuerung der Atmung, des Blutdrucks, der Wärmeregulierung u. a. ergibt und Rückschlüsse auf den Zustand der Entspannung zuläßt. Mit

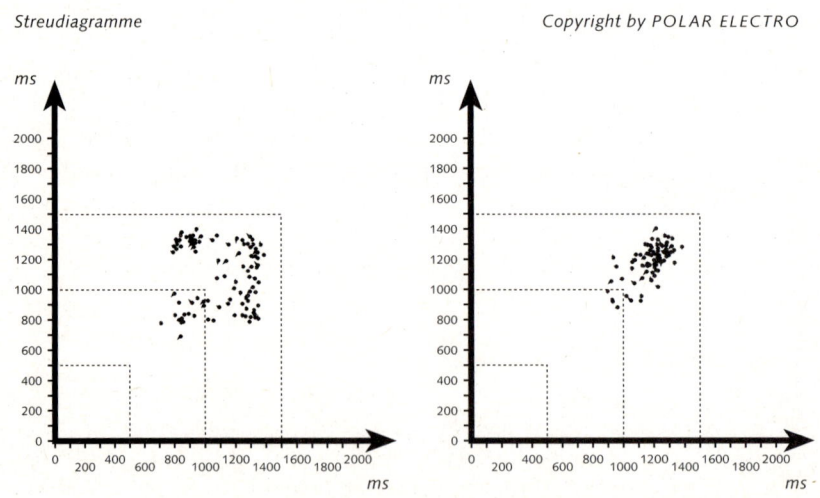

Streudiagramm des Herzschlages in Ruhe über 5 min bei hoher (rechts) und niedriger (links) Entspannungsrate. Die Werte wurden mit dem Polar Vantage NV erhoben und mit dem Polar-Herzfrequenz-Analyse-Programm ausgewertet.

zunehmendem Lebensalter sinkt die Variabilität. Eine hohe Variabilität der Herzfrequenz weist auf eine aktive Rolle des parasympathischen Nervensystems und auf entspannte Körperfunktionen hin. Eine geringe Variabilität der Herzfrequenz deutet auf eine höhere Aktivität des sympathischen Nervensystems und spricht für eine starke physische und mentale Streßbeanspruchung. Mit dem Vantage-NV-Herzfrequenz-Meßgerät steht Ihnen ein Meßinstrument zur Verfügung, das neben den bekannten Funktionen die Entspannungsrate berechnet. Für die Variabilität können keine allgemeingültigen Grenzwerte angegeben werden. Sie müssen Ihre individuell typische Variation durch Beobachtung herausfinden, um Abweichungen interpretieren zu können. Für ein normales Entspannungsverhalten in Ruhe wird ein Bereich von 20 bis 100 ms (Millisekunden) angesehen. Allgemein gilt, daß die Variabilität in Ruhe höher ist als unter Belastung. Eine hohe Variabilität in Ruhe kennzeichnet einen guten Entspannungszustand.

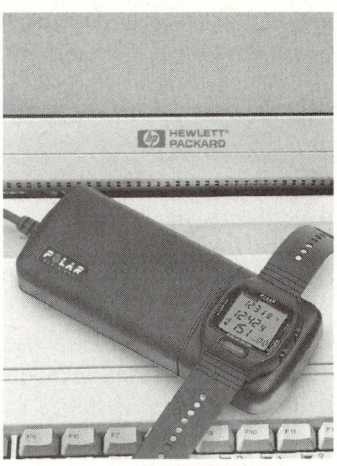

Das Herzfrequenz-Meßgerät «Polar Vantage NV» zeigt auf dem Display die Variation der Herzfrequenz numerisch in Millisekunden und graphisch in Balkenform an.

Herzfrequenz im Conconi-Test

Der Conconi-Test ist ein leistungsdiagnostisches Verfahren auf der Basis von Herzfrequenzmessungen und wird zur Festlegung der individuellen Belastungsintensitäten im Training und zur Bestimmung der maximalen Herzfrequenz herangezogen. Der Conconi-Test basiert darauf, daß im submaximalen Bereich die Herzfrequenz linear zur Belastung ansteigt. Wird die Belastung bis in den maximalen Bereich fortgesetzt, weichen bei einer bestimmten Intensität die Hf-Werte von der linearen Beziehung ab. Dieser Punkt wird als Abknickpunkt, Umschlagpunkt oder Deflektionspunkt bezeichnet und kennzeichnet den Beginn eines vermehrt anaeroben Stoffwechsels. Die Leistung an diesem Punkt ist nicht identisch mit der Leistung an der anaeroben Lactatschwelle.

Testdurchführung:
Auf einer 200- bzw. 400-m-Rundbahn werden nach einer etwa 10minütigen Aufwärmphase mindestens 8mal 200 m mit ansteigender Geschwindigkeit gelaufen. Die Geschwindigkeit der ersten 200-m-Strecke wird in Abhängigkeit der Leistungsfähigkeit festgelegt. Sportler mit einer 10-km-Bestzeit zwischen 32 min und 38 min können mit einem Lauftempo von 12 km/h (= 60 sec über 200 m) beginnen. Besser Trainierte wählen ein höheres, weniger gut Trainierte ein niedrigeres Anfangstempo. Unabhängig vom Starttempo wird die Laufgeschwindigkeit alle 200 m um 0,5 km/h gesteigert.

Die Herzfrequenz wird nach jeder Teilstrecke mit einem Hf-Meßgerät bestimmt. Der Test wird beendet, wenn der Sportler die vorgegebene Laufgeschwindigkeit nicht mehr einhalten kann.

Als praktikable Methode für die Steuerung des Lauftempos auf den 200-m-Teilstrecken bieten sich zwei Alternativen an:

1. Es wird auf der Rundbahn alle 10 oder 20 m eine Markierung (Hütchen) aufgestellt. Dann wird im Rhythmus der ansteigenden Laufgeschwindigkeit an jeder Markierung ein akustisches Signal gesendet (z. B. mit der Heart-Rate-Control-Software von Polar Electro).

2. Es wird eine Lauftabelle zur Kontrolle der Geschwindigkeit mitgenommen (Anhang, S. 153).

Testauswertung:

Die Auswertung kann mit der Polar-Software oder per Hand vorgenommen werden. Das Softwareprogramm liefert eine graphische Auswertung und berechnet in Abhängigkeit des Deflektionspunktes die Geschwindigkeiten und die Herzfrequenzen für das aerobe und anaerobe Training. Bei der manuellen Auswertung werden die Zwischenzeiten und Hf-Werte am Ende jeder 200-m-Stufe aus dem Speicher des Herzfrequenz-Meßgerätes abgelesen und in einen Protokollbogen (s. Tabelle, S. 29) übertragen. Dann erfolgt eine Umrechnung der 200-m-Zeit in km/h mit Hilfe der Formel: v (km/h) = (720/Zeit in Sekunden über 200 m). Im dritten Schritt werden die

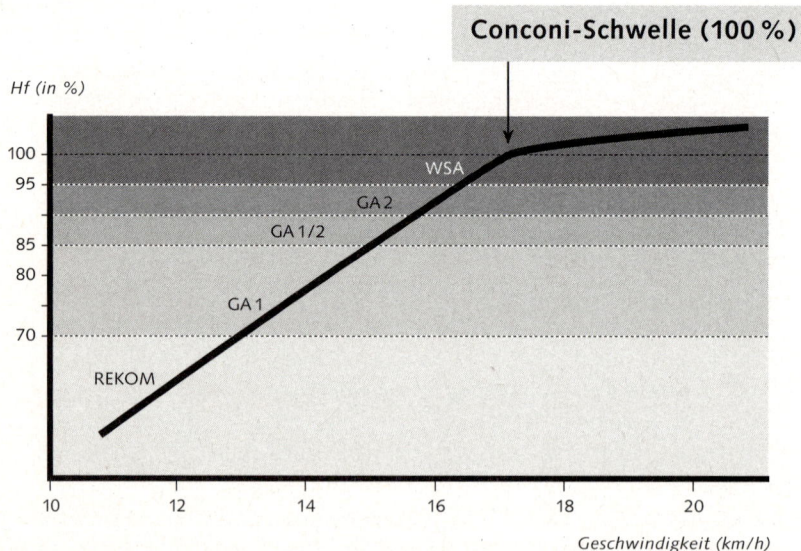

Trainingsbereiche anhand der «Conconi-Schwelle».

Wertepaare (Hf, Geschwindigkeit) in ein Koordinatenkreuz (Hf [min^{-1}] = y-Achse, v [km/h] = x-Achse) eingezeichnet. Sind alle Punkte übertragen, so wird eine Ausgleichsgerade in den linearen Bereich gelegt. Der Deflektionspunkt ist dort, wo die Punkte im oberen Hf-Bereich die lineare Herzfrequenz-Kennlinie verlassen. Die Trainingsbereiche werden anschließend von der «Conconi-Schwelle» (= 100 Prozent) prozentual abgeleitet. Im Bereich der Schwelle wird im wettkampfspezifischen Tempo (WSA) trainiert. Das GA-2-Training liegt in einem Bereich von 90 bis 95 Prozent, das GA-1/2-Training von 85 bis 90 Prozent und das GA-1-Training von 70 bis 85 Prozent der «Conconi-Schwelle».

Protokollbogen

Name . . . . Datum: . . . . Temperatur: . . . .

Weg (m)	Zeit (s)	Hf (min⁻¹)	v (km/h)	Bemerkungen
200	60,3	146	11,9	
400	57,2	155	12,6	
600	55,1	161	13,1	
800	53,0	166	13,6	
1000	51,7	169	13,9	
1200	50,0	174	14,4	
1400	48,1	175	15,0	
1600	46,3	179	15,6	
1800	45,0	180	16,0	
2000	43,6	181	16,5	
2200	42,3	182	17,0	
2400	40,7	184	17,7	
2600	40,1	186	18,0	
2800	37,9	188	19,0	

Protokollbogen für die Auswertung des Conconi-Tests (Weg: zurückgelegte Strecke in Metern seit dem Start, Zeit: 200-m-Zeit in s, Hf: Herzfrequenz am Ende der 200-m-Strecke, Geschwindigkeit: km/h über 200 m, berechnet nach der Formel: V = (720/Zeit in sec über 200 m).

Einflußfaktoren auf die Herzfrequenz

Neben Art und Stärke der sportlichen Belastung wird Ihre Herzfrequenz von weiteren Faktoren beeinflußt, die Sie bei der Interpretation der Meßwerte berücksichtigen müssen. Nur wenn Sie die Einflußfaktoren kennen, sind Sie auch in der Lage, die ermittelten Herzfrequenzwerte richtig zu deuten.

Temperatur und Luftfeuchtigkeit
Den stärksten Einfluß auf die Herzfrequenz hat die Erhöhung der Körperkerntemperatur. Bei einem Training unter hohen Temperaturen (30 °C), hoher Luftfeuchtigkeit (70 Prozent) und ungenügender Flüssigkeitsaufnahme kann Ihre Körperkerntemperatur um 2 bis 3 °C ansteigen. Ihre Trainings-Herzfrequenz würde im Vergleich zu Normalbedingungen bei gleicher Intensität dann um 15 bis 20 Schläge/min höher liegen.

Grundsätzlich wirken sich kurzfristige Klimaänderungen stark auf die Höhe der Herzfrequenz aus. Der Organismus ist nicht in der Lage, sich an die veränderten Bedingungen sofort anzupassen. In der Regel sind 5–7 Tage für die Akklimatisation erforderlich. Diese Tatsache müssen Sie im Training und besonders vor einem Wettkampf berücksichtigen, insbesondere wenn der Wettkampf in anderen Klima- und Zeitzonen stattfindet.

Höhenlage
Das Höhentraining ist vor allem für Hochleistungssportler eine wichtige Maßnahme im Leistungsaufbau. Die Herzfrequenz steigt mit zunehmender Höhenlage an. Bereits geringe Belastungsanforderungen führen zu deutlich höheren Herzfrequenzen und zu einem schlechteren Erholungsverhalten. Die Zeitdauer für das Erreichen eines stabilen Herzfrequenzniveaus und einer verbesserten Regulation ist unterschiedlich lang und kann in der Höhe eine Woche betragen. Wie schnell sich die Herzfrequenz einreguliert, ist abhängig von der Höhenlage, Ihrer individuellen Leistungsfähigkeit, den gewählten Trainingsbelastungen, der Häufigkeit von Höhenaufenthalten u. a.

Textilien
Die richtige, witterungsabhängige Sportbekleidung beeinflußt die Belastungs-Herzfrequenz. Gewährleisten Textilien keinen hinreichenden Wärmeaustausch, steigt die Hf an. Auch die Art der Sporttextilien (Baumwolle, Microfaser, Nylon) beeinflußt unterschiedlich stark das Hf-Verhalten (vgl. S. 13).

Nahrungsaufnahme
Mit der Nahrungsaufnahme steigen Herzfrequenz und Lactatkonzentration an. Nach einer kohlenhydratreichen Mahlzeit stellten wir im Mittel 10 bis 20 Schläge/min höhere Herzfrequenzwerte bzw. 1–2 mmol/l höhere Lactatkonzentration fest. Andererseits sind Herzfrequenz und Lactatkonzentration nach länger andauerndem Hungerzustand erniedrigt.

Herzfrequenz-Verhalten in Training und Alltag

Wenn Sie regelmäßig Ihre Herzfrequenz vor, während und nach dem Training kontrollieren, werden Sie für bestimmte Veränderungen sensibel. Für die Beurteilung Ihres aktuellen Gesundheits- und Leistungszustandes ist es wichtig, diese Erscheinungen frühzeitig zu erkennen. Welche besonderen Erscheinungen beobachtbar sind, welche Ursachen dahinterstehen können und welche Konsequenzen sich für das Training ergeben, wird in der folgenden Übersicht dargestellt.

Erscheinung / Beobachtung	mögliche Ursache	Trainingsmaßnahme
• Ruhe-Hf ist stark erhöht	• Überbeanspruchung • Übertraining • Infekt	• Reduzierung des Trainings • Trainingspause
• Die Hf erreicht beim Tempo-Training nicht den gewohnten Wert	• Übertraining • Glykogenverarmung	• kein Tempo-Training • mehr GA-1-Training
• Die Hf_{max} wird im Test nicht erreicht	• Glykogenverarmung • geringe muskuläre Mobilisation • fehlende Motivation	• Reduzierung des Umfangs • Motoriktraining (z. B. Sprints)
• Die Hf bleibt beim Intervalltraining in den Pausen ungewohnt hoch	• Tempo ist zu hoch	• Reduzierung der Laufgeschwindigkeit • Verlängerung der Pausen • Abbrechen des Trainings
• Die Hf ist nach dem Training über Stunden erhöht	• Erschöpfung • Flüssigkeitsmangel	• Flüssigkeitszufuhr • REKOM-Maßnahmen (vgl. S. 146)
• Die Hf steigt bei gleichem Tempo ungewohnt stark an	• Flüssigkeitsdefizit • Infekt	• Abbrechen des Trainings • Flüssigkeitszufuhr
• Die Erholungsherzfrequenz sinkt in den ersten zwei Minuten ungewöhnlich schnell	• Übertraining	• Reduzierung des Trainings an den folgenden Tagen • Motoriktraining (Kurzsprints)
• Die Hf-Variation ist in Ruhe vergleichsweise niedrig	• Überbeanspruchung • hohe Streßbelastungen	• REKOM-Training

Reaktionen der Herzfrequenz, mögliche Ursachen und Konsequenzen für das Training

DIE TRAININGSPROGRAMME

Technik und Koordination

Beobachtet man Langstreckenläufer, so lassen sich viele unterschiedliche Laufstile als Ausdruck persönlicher Eigenarten erkennen. Der Laufstil ist abhängig von Ihren funktionell-anatomischen Voraussetzungen und wird vom Gelände, den Bodenverhältnissen und dem Lauftempo beeinflußt. Durch Variation Ihrer Technik bezüglich Fußaufsatz, Schrittlänge und Frequenz müssen Sie sich hierauf einstellen, um ökonomisch und effektiv zu laufen. Jeder Laufstil führt zu unterschiedlichen Beanspruchungen des Bewegungssystems.

Der Bewegungszyklus des Laufens läßt sich in vier Phasen einteilen: In der *vorderen Stützphase* (Landephase) wird der Fuß aktiv ‹greifend und ziehend› aufgesetzt. Bei höheren Laufgeschwindigkeiten setzt man mit dem Mittelfuß, beim Spurten sogar mit dem Vorfuß auf. Bei langsamem Tempo verlagert sich der Fußaufsatzpunkt nach hinten in den Bereich der Ferse. Der Fuß rollt dann in leichter Supinationshaltung (Heben des Fußinnenrandes) über den Fußaußenrand zum Kleinzehenballen. Von dort kippt er in eine leichte Pronationsstellung (Heben des Fußaußenrandes) zum Großzehenballen, der den Abdruck in der *hinteren Stützphase* (Abdruckphase) gibt. Diese Kippbewegung führt zu einer Verwringung des Fußes, die als Torsion bezeichnet wird und eine flexible Schuhsohle erfordert. Mit dem Fußabdruck wird gleichzeitig das Sprung-, Knie- und Hüftgelenk gestreckt. In der Entspannungsphase, der *hinteren und vorderen Schwungphase*, schwingt der Unterschenkel erst nach hinten in Richtung Gesäß (Anfersen), bevor das Bein mit mittlerem Kniehub nach vorn geführt und mit minimaler Kniebeugung in der vorderen Stützphase aufgesetzt wird.

Mit einer lockeren, entspannten Haltung des Oberkörpers unterstützen Sie den Laufrhythmus. Ideal ist eine minimale Oberkörpervorlage und eine aufrechte Kopfhaltung. Die Hände werden entspannt und die Arme locker, im Ellbogengelenk etwa 90° gebeugt, am Körper vorbeigeschwungen. Eine gute Koordination von Armen und Schultern reduziert Rotationen um die Körperlängsachse. Die Rumpfmuskulatur muß so kräftig sein, daß sie in der Lage ist, ihre Funktion als Stabilisator und Widerlager für die Aktionen und Reaktionen der Bein- und Armbewegungen wahrzunehmen. Nur so können Sie die eingesetzte Energie optimal nutzen. Mangelnde Rumpfkraft kann dagegen zu einer instabilen Hüftposition mit Beckenkippung nach vorn führen, was sich negativ auf die Hüftstreckung und den Abdruck in der hinteren Stützphase auswirken

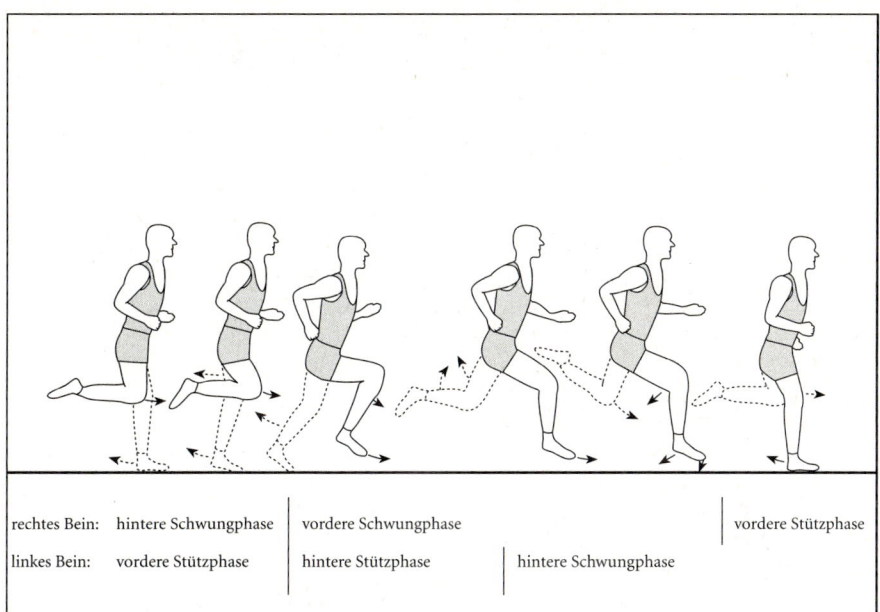

| rechtes Bein: | hintere Schwungphase | vordere Schwungphase | | | vordere Stützphase |
| linkes Bein: | vordere Stützphase | hintere Stützphase | hintere Schwungphase | |

Phasenstruktur des Langstreckenlaufs
Schrittlänge und -frequenz sind situativ unterschiedlich und individuell abhängig von Ihrer Körpergröße, Leistungsfähigkeit und Laufgeschwindigkeit.

würde. Mit zunehmender Belastungsdauer würde die Laufgeschwindigkeit abnehmen. Außerdem führt diese Instabilität zu unphysiologischen Beanspruchungen der Wirbelsäule, was Rückenprobleme nach sich ziehen kann.

Lauf-Abc

Das Lauf-Abc zielt auf die Verbesserung und Ökonomisierung Ihres Laufstils durch eine erhöhte Flexibilität und Kräftigung Ihrer Laufmuskulatur. Regelmäßig durchgeführt, verringern die Koordinationsübungen die Verletzungsanfälligkeit und beugen Beschwerden im Bereich der Muskulatur, der Bänder und der Sehnen vor. Ein guter Laufstil äußert sich durch eine gute Koordination auch bei höherer Laufgeschwindigkeit, eine hohe Variabilität von Schrittfrequenz und Schrittlänge, einen unverkrampften Laufstil auch im Zustand der Ermüdung und eine später einsetzende Ermüdung.

Die Übungen des Lauf-Abc sollten Sie unmittelbar nach dem Einlaufen und nicht im ermüdeten Zustand nach dem Haupttrainingsprogramm durchführen, da die Konzentrations- und Koordinationsfähigkeit dann abnimmt und eine korrekte Bewegungsausführung schwerer möglich ist. Wählen Sie für ein Übungsprogramm 4 bis 6

Lauf-Abc

Übung	Bewegungsbeschreibung
1. Fußgelenksarbeit (normale / höchste / steigende Frequenz)	• geringer Kniehub mit aktivem Fußaufsatz in Richtung des Körperschwerpunktes (KSP)
2. Fußgelenksarbeit mit wechselseitig hohem Kniehub	• erst Streckung, dann aktives Aufsetzen in den Vorderstütz • aktive Unterstützung durch koordinierte Armführung
3. Skippings a) normale / höchste / steigende Frequenz b) Übergang in den Lauf	• mittlerer Kniehub • aktives Aufsetzen des Ballens in Richtung des KSP • Streckung in den Bein- und Hüftgelenken
4. Wechsel der Fußgelenksarbeit und Skippings	• flüssiger Wechsel
5. Kniehebelauf (verschiedene Frequenzen) a) hoher Kniehub b) hoher Kniehub mit auspendelndem Unterschenkel	• Streckung in den Knie- / Hüftgelenken • Körperlage • Armführung in Laufrichtung • aktives Aufsetzen in Richtung des KSP • Koordination zwischen Armen und Beinen ohne Verwringung des Rumpfes
6. Anfersen a) einseitig / wechselseitig b) wechselseitig mit Übergang in den Lauf	• schnelles, aber lockeres Auspendeln • Oberschenkel leicht zurückführen • Arme in Laufrichtung
7. Hopserlauf a) vertikale Bewegungsrichtung b) horizontale Bewegungsrichtung mit Übergang in den Lauf	• Streckung in den Bein- und Hüftgelenken • koordinierte Unterstützung durch die Arme • aktives Aufsetzen in den Vorderstütz in Richtung des KSP
8. Wechselsprünge a) vertikal / horizontal b) mit Übergang in den Lauf	• Streckung der Hauptgelenke • aktiver Fußaufsatz • Arme in Fortbewegungsrichtung
9. Laufsprünge a) mit Frequenz b) mit Übergang in den Lauf	• Streckung und Führung vom Knie • aktives Aufsetzen des Schwungbeines in Richtung des KSP

Übungen, Bewegungsmerkmale und Fehler beim Lauf-Abc.

Schwächen in der Bewegungsausführung

- unzureichender / zu hoher Kniehub
- mangelnde Streckung in den Beingelenken

- unzureichende Streckung in den Beingelenken
- passives Aufsetzen in den Vorderstütz

- mangelnde Streckung
- veränderte Rumpfhaltung beim Übergang in den Lauf

- unzureichende Koordination der einzelnen Bewegungen in den verschiedenen Phasen

---

- unzureichender Kniehub
- mangelnde Streckung in den Knie- / Hüft-gelenken
- passives Auspendeln und Aufsetzen des Fußes

- hängende Fußspitze
- passives Aufsetzen in den Vorderstütz
- verkrampftes Anreißen der Fersen

- mangelnde Streckung
- unzureichender Einsatz der Schwung-elemente
- Anfersen des Schwungbeins

- mangelnde Streckung
- Passivität des Schwungbeines
- unkoordinierter Übergang in den Lauf

- mangelnde Streckung im Hüft- und Kniegelenk
- passive Landung in den Vorderstütz
- unkoordinierte Armführung

Übung

10. Steigerungsläufe (60–120 Meter, hohe Geschwindigkeit über 20–40 Meter, danach ‹austrudeln›), auch als Koordinationssteigerungen, d. h., das Tempo wird kontinuierlich gesteigert, bis die Laufbewegung gerade noch gut kontrolliert und korrigiert werden kann. Dabei wird die Aufmerksamkeit auf ein bestimmtes Merkmal der Laufbewegung (z. B. Hüftstreckung, Kniehub oder aktiver Ballenaufsatz) gerichtet.

Übungen (s. S. 34 u. 35) aus, die Sie 2- bis 5mal wiederholen. Die Übungsdauer richtet sich nach Ihrer koordinativ-motorischen und konditionellen Leistungsfähigkeit. Eine Übungsstrecke sollte etwa 20 bis 30 Meter je Einzelübung betragen, zwischen den Wiederholungen wird eine aktive Pause auf Länge der Übungsstrecke eingelegt (Gehen, locker Traben, flacher Hopserlauf). Das Lauf-Abc sollten Sie ganzjährig in Ihr Training integrieren. Ein mehrmaliges kürzeres Koordinationstraining ist wirksamer als nur ein sehr langes und stark ermüdendes Übungsprogramm in der Woche.

Kondition:
Programme und Trainingsbereiche

Auf der Basis einer guten Lauftechnik können Sie Ihre Ausdauerfähigkeit voll entfalten. Der Langstreckenlauf ist eine Langzeitausdauersportart, für die Sie primär den aeroben Stoffwechsel beanspruchen. Dieser wird mit Dauerbelastungen in niedriger Intensität von bis zu mehreren Stunden trainiert. Darüber hinaus benötigen Sie ein gewisses Potential an Kraftausdauer, Schnelligkeitsausdauer und Schnelligkeit. Die Kraftausdauer wird mit kürzeren Trainingseinheiten in schwerem Gelände, am Berg, auf Treppen oder mit speziellen Übungen an Krafttrainingsgeräten entwickelt. Schnelligkeitsausdauer, auch als Stehvermögen bezeichnet, und Schnelligkeit sind Fähigkeiten, die Sie vor allem als Wettkampfläufer brauchen. Wieviel Trainingseinheiten Sie anteilig für die Entwicklung von Ausdauer, Kraftausdauer, Schnelligkeit und des Stehvermögens benötigen, ist nicht nur von Ihren angestrebten Zielen, sondern auch von den speziellen Anforderungen bzw. Wettkampfstrecken abhängig. So werden Sie beispielsweise für einen 5-km-Lauf anteilig auf andere Fähigkeiten angewiesen sein, als wenn Sie einen Marathon laufen. Für die Entwicklung der jeweiligen Fähigkeiten müssen Sie in entsprechenden Intensitätsbereichen trainieren (s. S. 17).

In der graphischen Darstellung der folgenden Trainingsprogramme wird die Intensität einerseits prozentual von der im Test ermittelten maximalen Herzfrequenz und andererseits in Abhängigkeit von der Lactatkonzentration angegeben. Benutzen Sie im Training für die Kontrolle der Herzfrequenz ein Herzfrequenz-Meßgerät. Eine Kontrolle der Lactatkonzentration sollte von Zeit zu Zeit durchgeführt werden, um die Belastungsintensität zu kontrollieren. Die hochintensiven Intervallprogramme werden dagegen über die Geschwindigkeit gesteuert. Bestimmen Sie die Intensitäten über den Feldstufen- oder den Conconitest, müssen Sie die ermittelten individuellen Lactat- und Herzfrequenzwerte anstelle der in den Programmen angegebenen prozentualen Hf_{max}-Werte einsetzen. Beachten Sie dazu die in Klammern angegebenen Trainingsbereiche. Auch in diesem Fall sollten Sie das Lactat- und Herzfrequenzmeßgerät zur Kontrolle der Trainingsintensität nutzen.

Die Programme sind für die verschiedenen Trainingsbereiche und Leistungstests mit Symbolen gekennzeichnet:

Symbol

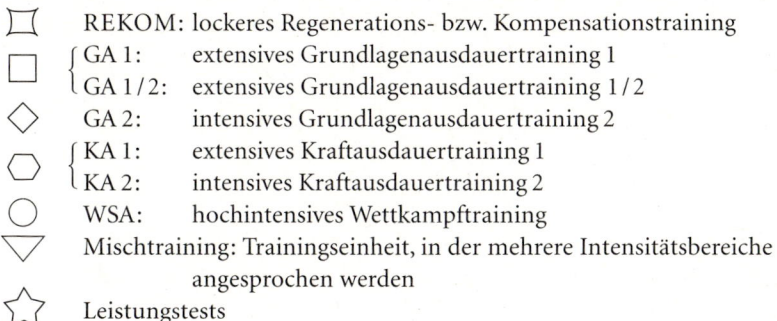

⬓   REKOM: lockeres Regenerations- bzw. Kompensationstraining
⬜ { GA 1:   extensives Grundlagenausdauertraining 1
     { GA 1/2:   extensives Grundlagenausdauertraining 1/2
◇   GA 2:   intensives Grundlagenausdauertraining 2
⬡ { KA 1:   extensives Kraftausdauertraining 1
     { KA 2:   intensives Kraftausdauertraining 2
○   WSA: hochintensives Wettkampftraining
▽   Mischtraining: Trainingseinheit, in der mehrere Intensitätsbereiche
                       angesprochen werden
☆   Leistungstests

Für das Lauf-Training bieten wir Ihnen eine Vielzahl von Programmen an, damit Sie Ihre Leistungsfähigkeit umfassend entwickeln können und das ganze Jahr fit und gesund bleiben. Auch wenn Sie am liebsten nur laufen möchten, macht es Sinn, sich auch durch andere Bewegungsformen zu beanspruchen. Deshalb werden neben den klassischen Laufprogrammen weitere aus anderen Sportarten mit aufgenommen.
Vor allen intensiveren Programmen sollten Sie sich etwa 15 Minuten warmlaufen, die Muskulatur dosiert dehnen (s. S. 116 bis 125) und Übungen aus dem Lauf-Abc (s. S. 33) sowie einige Steigerungen (60 bis 80 m) und kurze Antritte (20 bis 30 m) integrieren. Nach den Programmen sollten Sie auf weichem federndem Untergrund, eventuell auch barfuß auf Rasen, auslaufen und die stark belasteten Muskelgruppen nochmals dehnen.

1 REKOM-Lauf (Regenerations- bzw. Kompensationstraining)

Der REKOM-Lauf dient der aktiven Wiederherstellung nach hohen Trainings- oder Wettkampfbelastungen. Mit dem REKOM-Lauf können Sie die Erholung beschleunigen und günstige Voraussetzungen für nachfolgende Trainingsbelastungen schaffen. Achten Sie darauf, daß die Belastungsintensität niedrig ist, die Herzfrequenz also nicht über 70 Prozent der Hf_{max} ansteigt. Beim REKOM-Training soll es zu keiner Lactatkumulation (Anhäufung) kommen; die Lactatkonzentration bleibt unter 2 mmol/l. Regenerativ ist die Belastung nur, wenn Sie nicht länger als 45 Minuten laufen.

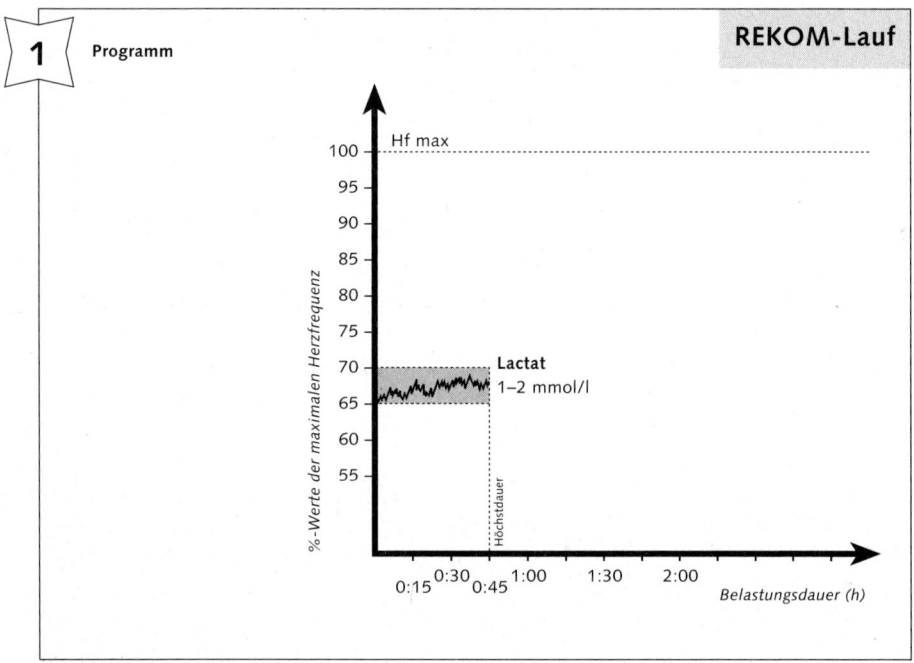

2 Extensiver Dauerlauf (GA 1)

Mit dem extensiven Dauerlauf entwickeln und erhalten Sie die Grundlagenausdauerfähigkeit und legen die Basis für das hochintensive Training. Gelaufen wird nach der Dauermethode mit gleichbleibender mittlerer Intensität ohne Pause. Die Belastungsintensität wird über die Herzfrequenz kontrolliert und sollte im Bereich von 70 bis 75 Prozent der Hf_{max} bei langen und zwischen 75 und 80 Prozent bei kurzen Dauerläufen liegen. Bei gelegentlichen Lactatkontrollen sollte auf den längeren Strecken die Konzentration 1,8 mmol/l, auf den kürzeren Strecken 2 mmol/l nicht übersteigen. Sicherlich ist es Ihnen möglich, mit höherer Intensität zu laufen, doch würden Sie dann das Ziel, nämlich die Entwicklung und Stabilisierung der Grundlagenausdauer, verfehlen.

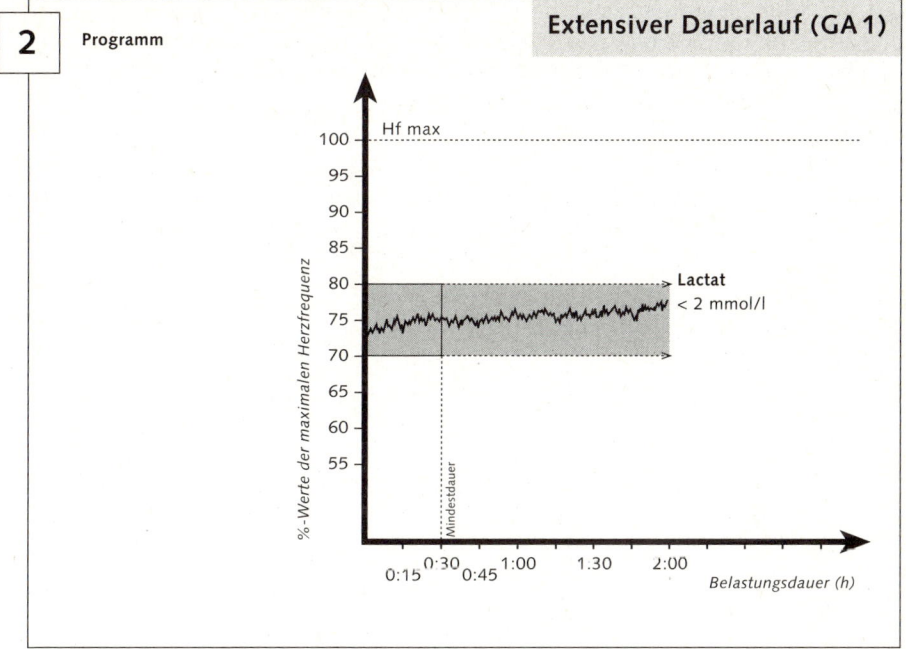

2 Programm   **Extensiver Dauerlauf (GA 1)**

3 Fettstoffwechsel-Lauf

Eine Steigerung der durchschnittlichen Laufgeschwindigkeit in Training und Wettkampf setzt eine Erhöhung der Grundlagenausdauerfähigkeit voraus. Dies erreichen Sie sehr effektiv mit dem langen bis sehr langen Fettstoffwechsel-Lauf. Ziel dieser Trainingseinheit ist es, den Fettstoffwechsel maximal zu beanspruchen, d. h. einen hohen Anteil an Fettsäuren bei der aeroben Energiegewinnung zu nutzen. Voraussetzung ist, daß Sie Ihr Training nach dem Motto ‹lang und locker› gestalten. Die Intensität ist also sehr niedrig zu wählen und sollte im Bereich von 65 bis 70 Prozent der maximalen Herzfrequenz bzw. bei einer Lactatkonzentration unter 1,4 mmol/l liegen. Sie müssen mindestens 90 Minuten laufen, da mit zunehmender Belastungsdauer der relative Anteil der Fettverbrennung zunimmt. Am Anfang einer jeden Trainingseinheit wird der Kohlenhydratstoffwechsel eingesetzt, d. h., die benötigte Energie wird aus der Blutglukose und der in Muskulatur und Leber gespeicherten Glukose (= Glykogen) gewonnen. Dieser Vorrat ist jedoch im Vergleich zu den praktisch nicht erschöpfbaren freien Fettsäuren begrenzt. Bei maximaler Anstrengung haben Sie Ihre Glykogendepots nach etwa 90 Minuten weitgehend entleert, sofern Sie den hohen Energiebedarf nicht während der Belastung mit zuckerhaltigen Getränken oder Energieriegeln auffangen. Ein äußerst reizwirksames Fettstoffwechseltraining ist ein morgendlicher Lauf auf nüchternen Magen. Regelmäßiges Fettstoffwechsel-Training steigert die Aktivität bestimmter Muskelenzyme, die an der Fettverbrennung beteiligt sind, und führt zu einer

Zunahme und Vergrößerung der Mitochondrien (= Kraftwerke für die Fettsäureverbrennung). Dadurch kann der ausdauertrainierte Läufer auch bei etwas höherer Intensität anteilig mehr freie Fettsäuren verbrennen als der Untrainierte und somit Muskelglykogen einsparen. Um stabile organische Anpassungen zu erzielen, sollten Sie ein Fettstoffwechseltraining mindestens zweimal wöchentlich über 4 bis 6 Wochen durchführen. Ihre Basisausdauer hat danach ein deutlich höheres Niveau.

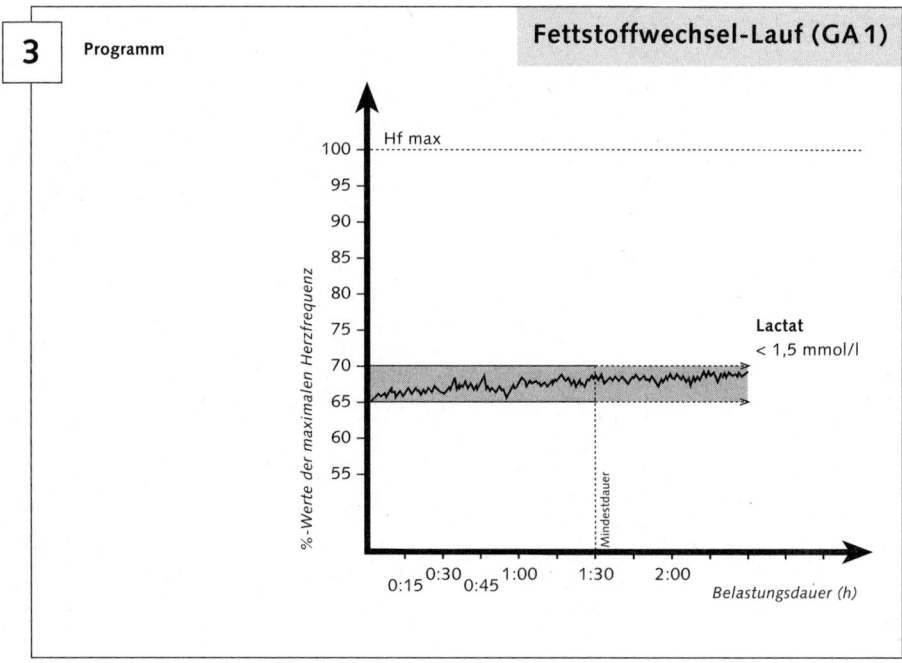

3 Programm

Fettstoffwechsel-Lauf (GA 1)

4 Intensiver Dauerlauf und Marathon-Kontrollauf (GA 1/2)

Mit dem intensiven Dauerlauf entwickeln Sie die Grundlagenausdauer auf einem höheren Niveau und gewöhnen die Muskulatur an ein höheres Lauftempo. Die Herzfrequenz sollte für den kurzen intensiven Dauerlauf im Bereich von 80 bis 85 Prozent der Hf_{max} und für den langen zwischen 75 und 80 Prozent liegen. Bei gelegentlichen Kontrollen sollte auf den längeren Strecken die Lactatkonzentration etwa 2,5 mmol/l, auf den kürzeren Strecken 3 mmol/l nicht übersteigen. Der lange intensive Dauerlauf über 30 km kommt in der Vorbereitung auf einen Marathon als sogenannter Marathon-Kontrollauf zur Anwendung. Sie sollten auf einer flachen Strecke laufen und Herzfrequenz, Lactat und Geschwindigkeit kontrollieren.

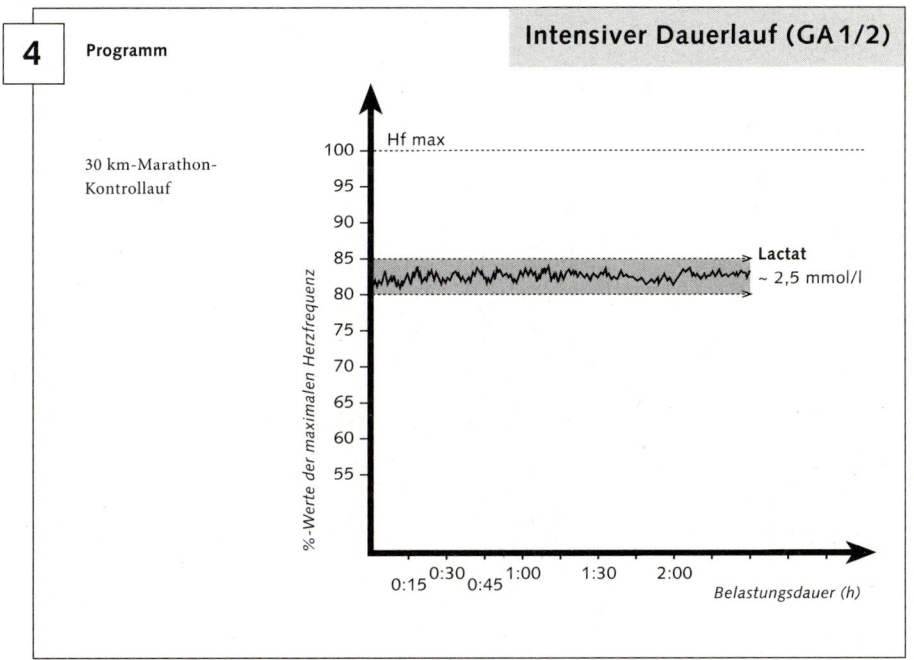

4 Programm

Intensiver Dauerlauf (GA 1/2)

30 km-Marathon-Kontrollauf

%-Werte der maximalen Herzfrequenz

Hf max

Lactat ~ 2,5 mmol/l

100 – 95 – 90 – 85 – 80 – 75 – 70 – 65 – 60 – 55 –

0:15 0:30 0:45 1:00 1:30 2:00

Belastungsdauer (h)

5 Extensives Fahrtspiel (GA 1 – GA 2)

Das Fahrtspiel ist eine Trainingsmethode, die von schwedischen Langstreckenläufern entwickelt wurde und eine gewisse Freiheit in der Gestaltung der Trainingseinheit zuläßt. Sie laufen sozusagen nach Lust und Laune mal schneller, mal langsamer – es ist ein Spiel mit der Geschwindigkeit. Belastungs- und Erholungsphasen wechseln sich beliebig oft ab. In Abhängigkeit von der Belastungsintensität unterscheiden wir das extensive und das intensive Fahrtspiel. Für das extensive Fahrtspiel können Sie bis zu 2 Stunden in leicht bis mittel profiliertem Gelände laufen. Die Herzfrequenz kann kurzzeitig bis auf 90 Prozent der Hf_{max}, die Lactatkonzentration bis zu 6 mmol/l ansteigen. Während der Erholungsabschnitte sollen die erhöhten Lactatspiegel wieder abgebaut werden. Das Fahrtspiel stellt somit hohe Anforderungen an die Regulation des Energiestoffwechsels und des Herz-Kreislauf-Systems und entwickelt die Grundlagenausdauer.

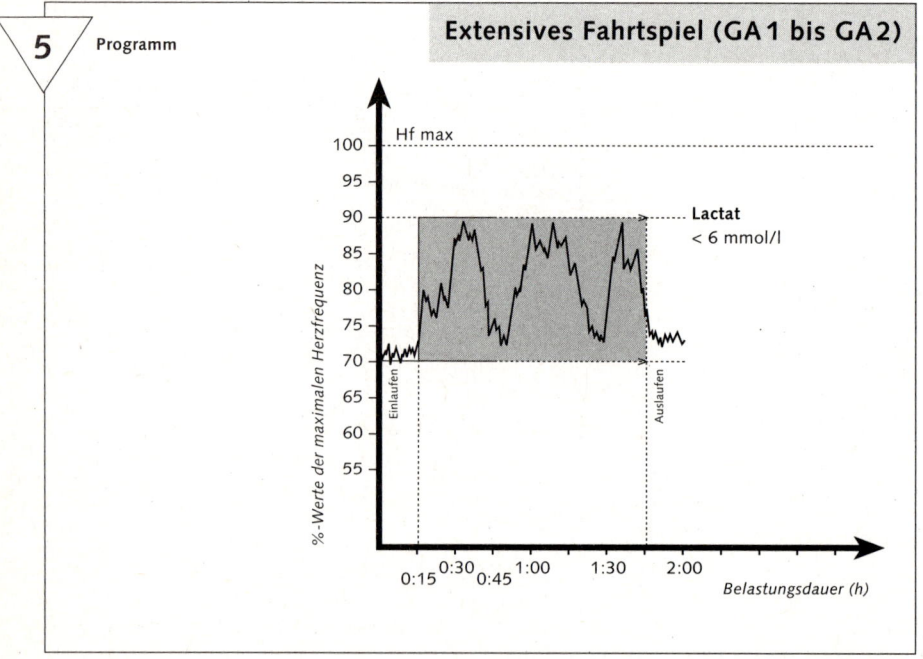

Programm 5 — Extensives Fahrtspiel (GA 1 bis GA 2)

6 Intensives Fahrtspiel (GA 1 – WSA)

Das intensive Fahrtspiel eignet sich besonders zum schnellen und geländeangepaßten Laufen sowie zur Schulung des Tempogefühls. Der Unterschied zum extensiven Fahrtspiel liegt in den höheren Intensitäten und den stärkeren Anforderungen an Muskulatur, Herz-Kreislauf-System und Energiestoffwechsel während der Belastungsspitzen. Laufen Sie sich zu Beginn des Fahrtspiels mindestens 15 min ein. Die intensiven Teilabschnitte werden hinsichtlich Tempo und Streckenlänge variiert. Zwischen mehreren intensiven Abschnitten sollten Sie locker laufen und sich ausreichend erholen. Das «Spielen mit dem Tempo» verleitet leicht dazu, vor allem beim Laufen in der Gruppe, zu viele intensive Teilstrecken zu dicht nacheinander zu laufen. Erst am Tag nach einer zu intensiven Trainingseinheit wird die starke Ermüdung spürbar. Änderungen im Wochenplan müßten eventuell vorgenommen werden, d. h., das Training am folgenden Tag sollte der Regeneration dienen. Als programmiertes Fahrtspiel können Sie die Intensität kontrollieren, wenn Sie Anzahl und Streckenlänge der Belastungsabschnitte sowie die Dauer der aktiven Pausen festlegen.

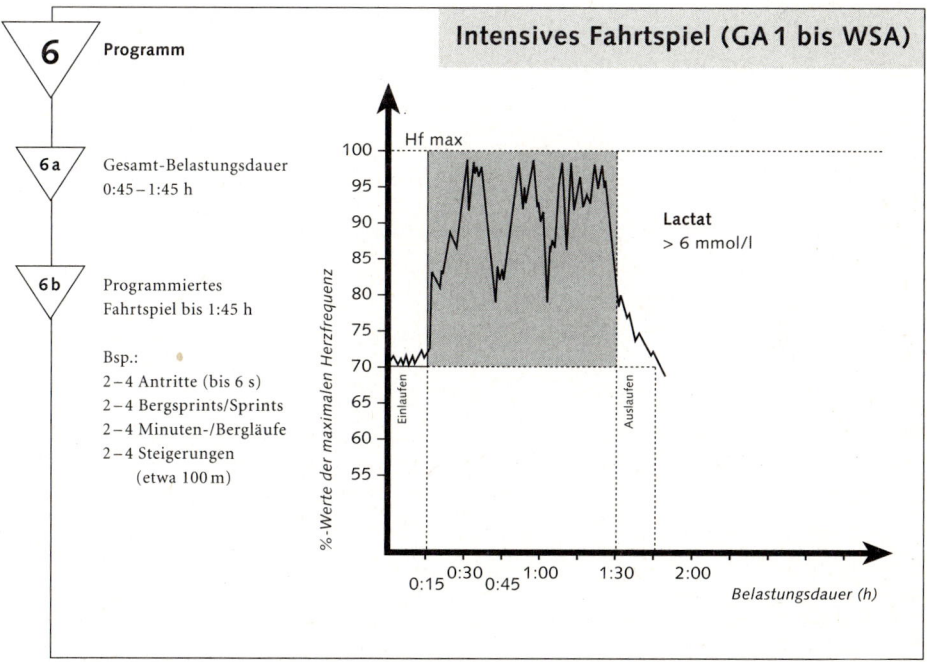

7 Tempodauerlauf (GA 2)

Beim Tempodauerlauf muß Ihr Organismus zeitweilig den aerob-anaeroben Mischstoffwechsel in Anspruch nehmen. Dies setzt einen starken Reiz auf die Entwicklung der Ausdauer. Voraussetzung für das Tempodauerlauf-Training ist ein relativ stabiles Niveau der Grundlagenausdauer. Haben Sie diese nicht mit den Programmen 2 bis 5

hinreichend erworben, kann ein zu frühes intensives Training die weitere Leistungsentwicklung stören. Der Tempodauerlauf beginnt nach einem etwa 15minütigen Einlaufen. In Abhängigkeit von Ihrer Leistungsfähigkeit können Sie zwischen 15 Minuten
und einer Stunde mit gleichmäßig hoher Intensität, d. h., in einem Bereich von 85 bis
90 Prozent der Hf_{max}, bei einer Lactatkonzentration von maximal 4 mmol/l laufen.

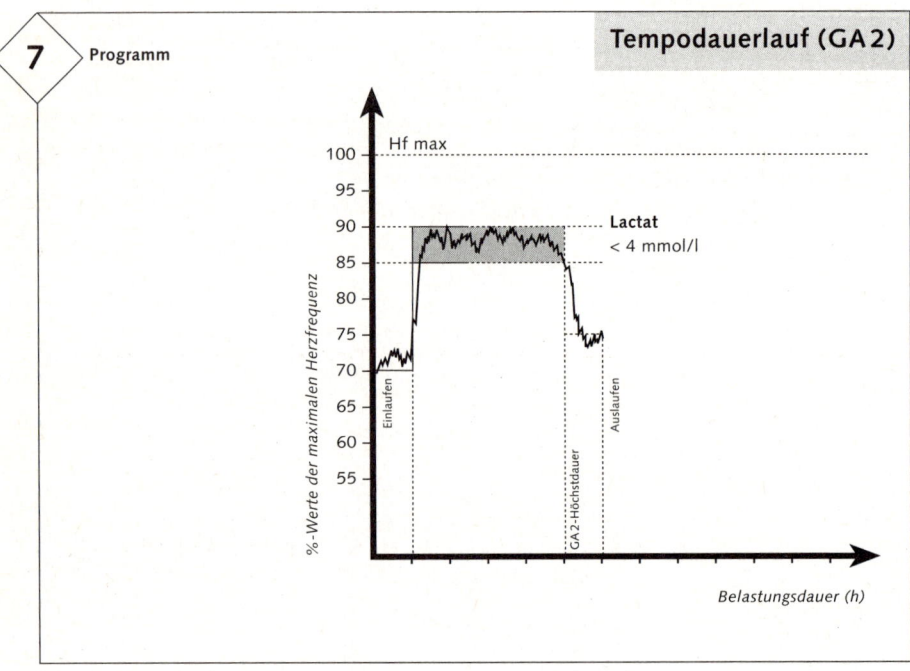

8 Tempodauerläufe (GA 2)

Die Tempodauerläufe werden in der gleichen Intensität wie der Tempodauerlauf (Programm 7) durchgeführt. Die GA-2-Gesamtbelastung wird jedoch in Teilstrecken von
2000 bis 5000 m oder entsprechende Zeitabschnitte gegliedert, zwischen den Bela-
stungsabschnitten wird eine 3- bis 10minütige aktive Pause eingelegt. Mit diesen extensiven Intervallbelastungen trainieren Sie neben der Entwicklung der Grundlagenausdauer den Lactatabbau, um die Beanspruchung besser zu dosieren.

9 Pyramidenlauf (GA 2)

Der Pyramidenlauf ist eine weitere Variation des Tempodauerlauf-Trainings. Die Intensität wird wie in Programm 7 gestaltet. Die Belastungsphasen sind pyramidenför-
mig angeordnet, d. h., sie nehmen erst zu und dann wieder ab. Mit dieser Trainingsmethode gewöhnen Sie sich langsam an die intensiven GA-2-Belastungen.

8

Programm

nach Zeit im Gelände oder
nach Strecke auf der Bahn

8 a

Belastung
2 – 4 x 2000 m
1000 m aktive Erholung
oder
2 – 4 x 6 – 8 min
3 – 5 min aktive Erholung

8 b

Belastung
2 – 4 x 3000 m
1000 m aktive Erholung
oder
2 – 4 x 10 – 12 min
5 min aktive Erholung

8 c

Belastung
2 – 3 x 5000 m
1000 m aktive Erholung
oder
2 – 3 x ~ 20 min
10 min aktive Erholung

Tempodauerläufe (GA 2)

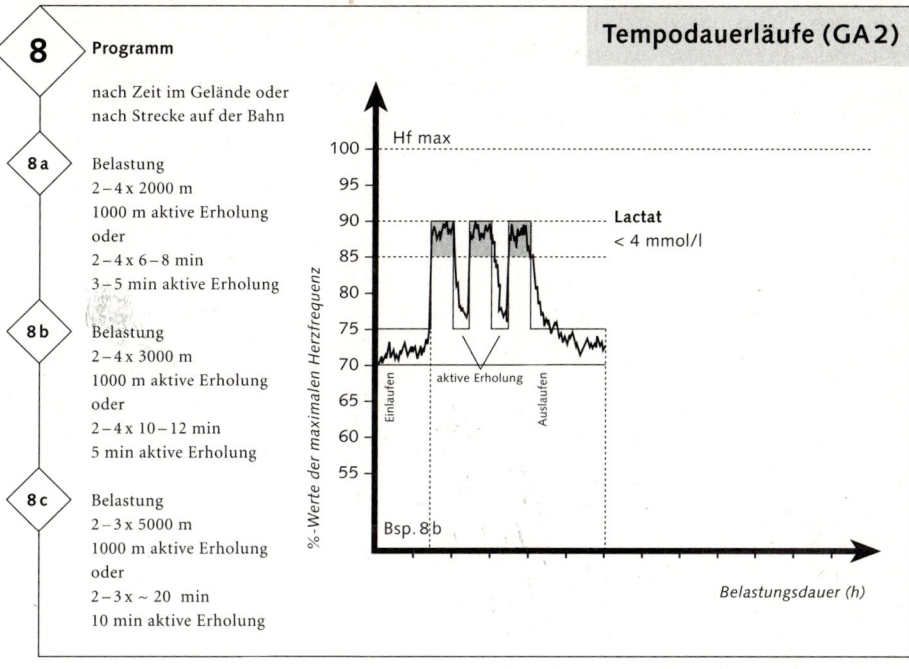

9

Programm

9 a

GA 2-Belastung
1 – 2 – 3 – 2 – 1 min
1 – 2 – 3 – 2 min
aktive Erholung

9 b

GA 2-Belastung
3 – 6 – 12 – 6 – 3 min
3 – 5 min
aktive Erholung

9 c

GA 2-Belastung
1000 – 2000 – 3000 –
2000 – 1000 m
400 m aktive Erholung
(traben)

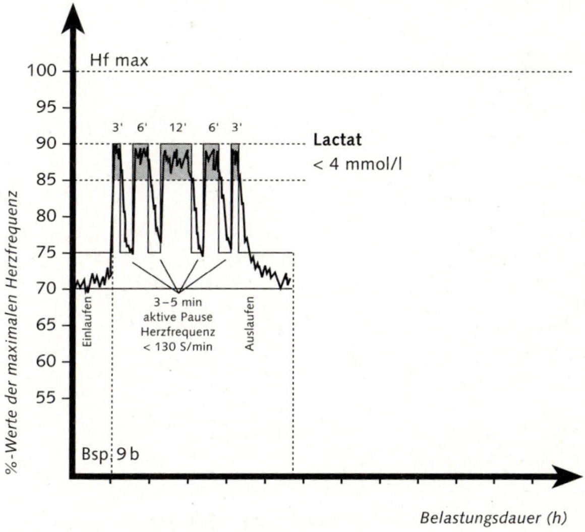

Pyramidenlauf (GA 2)

10 Extensive 1000-m-Läufe (GA 2)

Extensive 1000-m-Läufe sind als ‹Bahntraining› beliebt. Überbeanspruchungen von Sehnen (Achillessehne) und Bändern sowie Knochenhautreizungen vermeiden Sie, wenn Sie Ihren Trainings- oder Wettkampfschuh auf der Bahn tragen. Spikes sind für dieses Training nicht erforderlich. Die Intensität richtet sich nach der durchschnittlichen Wettkampfgeschwindigkeit über 10 km und liegt je nach Anzahl der Wiederholungen zwischen 90 und 97 Prozent. Die Lactatkonzentration sollte nicht über 6 mmol/l ansteigen. Die Herzfrequenz hat nur geringe Bedeutung für die Belastungssteuerung, ist jedoch hilfreich um die Pausenlänge zu steuern und die Erholungsfähigkeit zu kontrollieren. In der aktiven Pause sollte die Herzfrequenz auf etwa 120 bis 130 Schläge/min sinken. Liegt die Erholungs-Herzfrequenz nach 3 min noch über 130 Schlägen/min, müssen Sie das Trabtempo weiter verlangsamen und möglicherweise die nächste Intervallbelastung weniger intensiv laufen. Sinkt die Herzfrequenz trotz dieser Maßnahmen nicht unter 130 Schläge/min, sollten Sie das Training abbrechen, um eine Überforderung zu vermeiden.

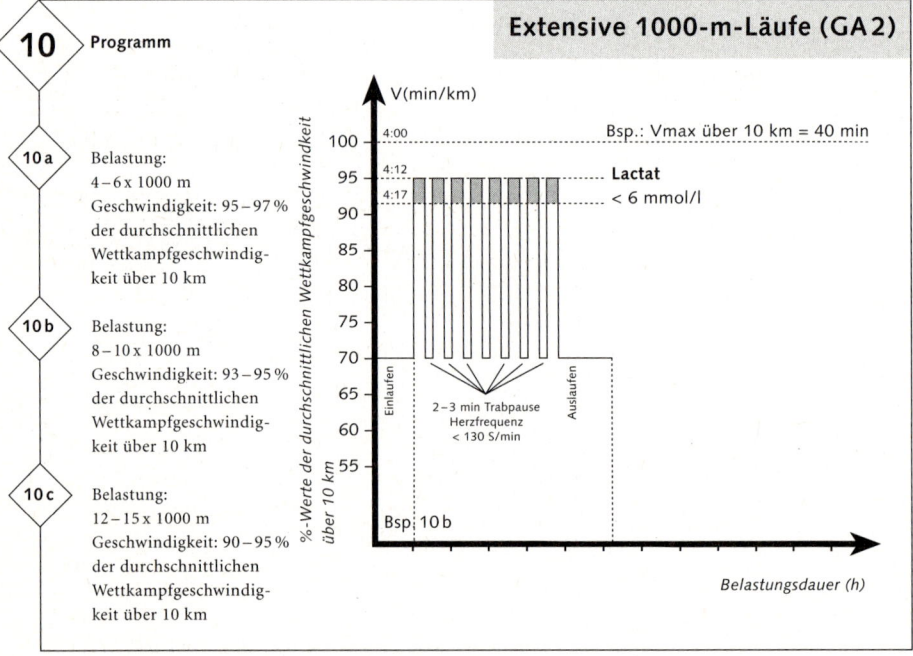

11 Extensiver Berg- oder Strandlauf (KA 1)

Die Kraftausdauerfähigkeit trainieren Sie bei jedem Lauf in schwerem Gelände, wie beispielsweise beim Cross-, Berg-, Strandlauf oder einem Lauf im Schnee. Diese Läufe unter erschwerten Bedingungen sind anstrengend, kräftigen jedoch effektiv die Bein-

muskulatur und führen zu raschem Konditionszuwachs. Neben der körperlichen Leistungsfähigkeit wird vor allem mentale Stärke und Willenskraft geschult. Das extensive Kraftausdauertraining (KA 1) wird nach der Dauermethode bei einer Belastungsintensität bis etwa 85 Prozent der maximalen Herzfrequenz bzw. einer Lactat-

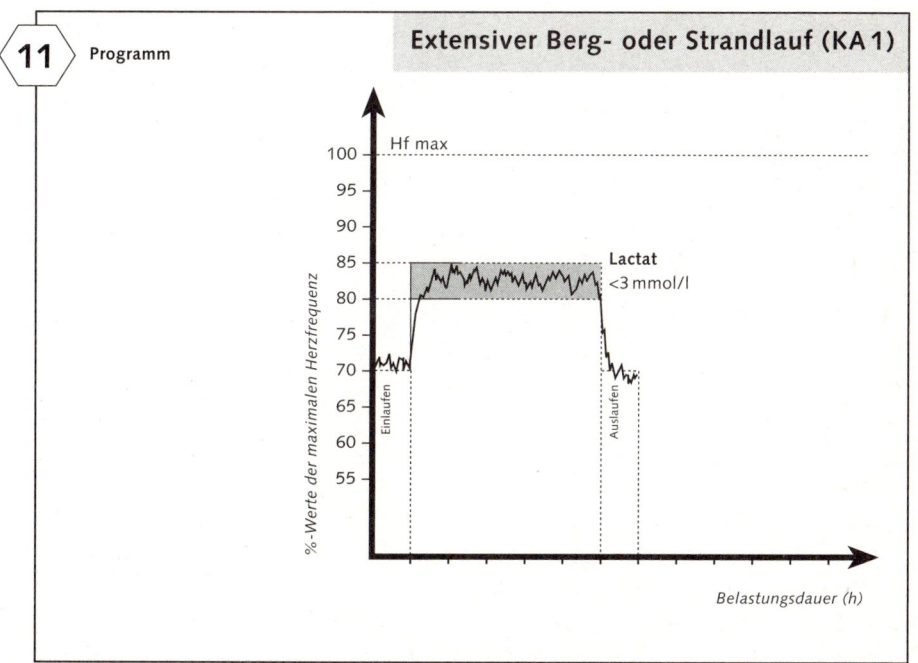

11 Programm

Extensiver Berg- oder Strandlauf (KA 1)

%-Werte der maximalen Herzfrequenz

100 — Hf max
95 —
90 —
85 —   Lactat
80 —   <3 mmol/l
75 —
70 —
65 —
60 —
55 —

Einlaufen   Auslaufen

Belastungsdauer (h)

konzentration von etwa 3 mmol/l durchgeführt. Beim Berglauf werden Schrittlänge und -frequenz der Steigung angepaßt. Je steiler das Gelände, desto kürzer die Schritte. Ungewohntes Laufen in schwerem Gelände führt leicht zu Überbeanspruchungen im Bereich der Achillessehne und Muskelverhärtungen in der Wade. Gewöhnen Sie sich langsam an diese Trainingsform.

12 Intensive Berg- oder Treppenläufe (KA 2)

Das intensive Kraftausdauertraining (KA 2) wird nach der Intervallmethode am Berg oder an Treppen durchgeführt. Nach dem Einlaufen suchen Sie sich eine geeignete Trainingsstrecke, die Sie mehrmals hinauflaufen können. Die Länge und die Anzahl der Einzelbelastungen wird von Ihrem Leistungsstand bestimmt. Die Intensität kann bis auf 95 Prozent Ihrer Leistungsfähigkeit ansteigen. Dabei können Lactatwerte bis 7 mmol/l erreicht werden. Wichtig ist die aktive Erholung nach jeder Belastung, damit das Lactat in der Muskulatur wieder abgebaut werden kann. Mit dieser Trainingsform sollten Sie erst beginnen, wenn Sie eine gute Grundlagenausdauer erworben haben und schon einige Kilometer im extensiven Kraftausdauerbereich gelaufen sind. Berg- und Treppenläufe stellen hohe Anforderungen an das aktive und passive Bewegungssystem. Relative hohe Beanspruchungen bestehen beim Bergab-Laufen für Bänder und Sehnen im Bereich der Knie- und Fußgelenke. Auch kann man leicht Muskelkater in der Oberschenkelmuskulatur (Mm quadrizeps, Mm ischiocruralis) bekommen,

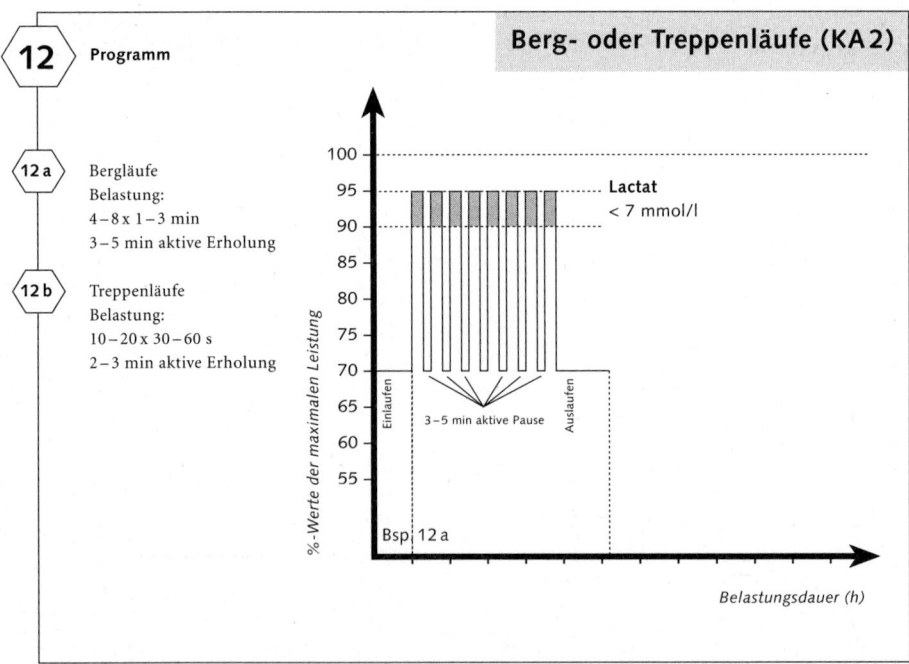

wenn man die exzentrischen Bremsbelastungen beim Abfangen des Körpergewichtes nicht gewohnt ist. Damit Sie sich beim Bergab-Laufen erholen können, sollten Sie entspannt bleiben, sich auf ein verstärktes Ausatmen konzentrieren und, wenn möglich, einen weichen Untergrund (Gras, Waldboden) wählen.

13 Intensive 1000-m-Läufe (WSA)

Die intensiven 1000-m-Läufe gewöhnen Ihre Muskulatur schon im Training an hohe Lactatkonzentrationen. Dies ist wichtig, um einerseits eine Toleranz gegenüber starker Übersäuerung zu entwickeln und andererseits mehr Lactat pro Zeiteinheit abbauen zu können. Die Abbaurate kann sich durch ein Training des ‹Stehvermögens› mehr als verdoppeln. Das Tempo auf den einzelnen Strecken sollte über der durchschnittlichen Wettkampfgeschwindigkeit liegen. Je nach Anzahl der Wiederholungen werden die Intervalle zwischen 100 und 106 Prozent der 10-km-Wettkampfgeschwindigkeit gelaufen. Die Lactatkonzentration kann auf 8 bis 10 mmol/l ansteigen. Die Herzfrequenz hat nur geringe Bedeutung für die Intervallbelastung, ist jedoch hilfreich, um die Pausenlänge zu steuern und die Erholungsfähigkeit zu kontrollieren. In der Gehpause sollte die Herzfrequenz auf unter 120 Schläge /min sinken. Liegt die Erholungs-Herzfrequenz nach 5 min noch über 120 Schlägen /min, ist dies ein Zeichen starker Ermüdung, die aus zu hoher Laufgeschwindigkeit oder zu vielen Wiederholungen resultieren kann.

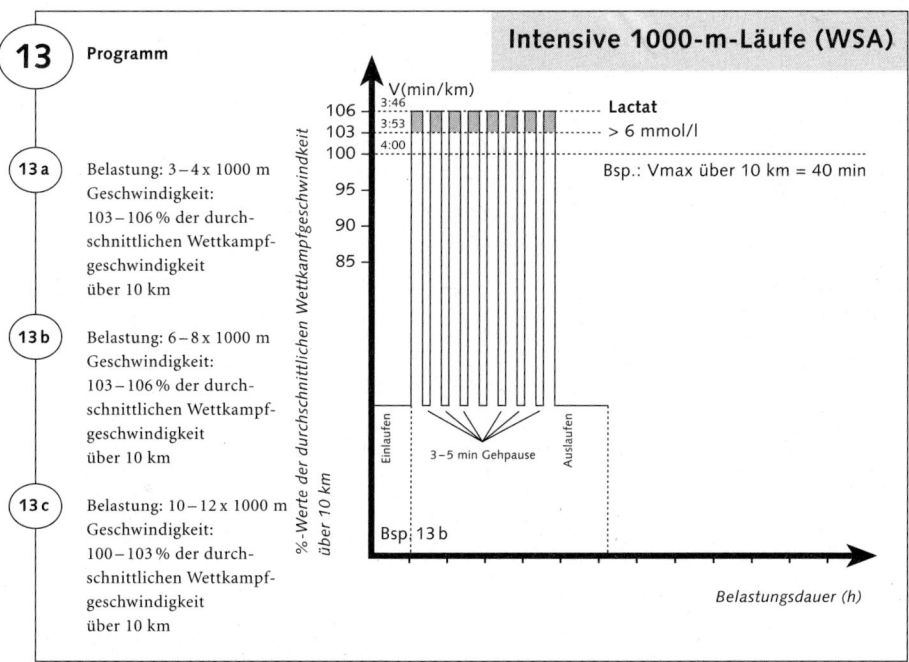

13 Programm

Intensive 1000-m-Läufe (WSA)

13 a Belastung: 3 – 4 x 1000 m
Geschwindigkeit:
103 – 106 % der durchschnittlichen Wettkampfgeschwindigkeit
über 10 km

13 b Belastung: 6 – 8 x 1000 m
Geschwindigkeit:
103 – 106 % der durchschnittlichen Wettkampfgeschwindigkeit
über 10 km

13 c Belastung: 10 – 12 x 1000 m
Geschwindigkeit:
100 – 103 % der durchschnittlichen Wettkampfgeschwindigkeit
über 10 km

V(min/km)
106 3:46
103 3:53
100 4:00
95
90
85

%-Werte der durchschnittlichen Wettkampfgeschwindigkeit über 10 km

Lactat
> 6 mmol/l

Bsp.: Vmax über 10 km = 40 min

Einlaufen

3 – 5 min Gehpause

Auslaufen

Bsp. 13 b

Belastungsdauer (h)

14 Intensive 300-m-Läufe

Die intensiven 300-m-Läufe werden auf der Bahn gelaufen. Die Laufgeschwindigkeit beträgt in Abhängigkeit der Wiederholungen 80 bis 95 Prozent der Bestzeit über 300 m und liegt damit deutlich über der Geschwindigkeit, die Sie im Wettkampf auf den Langstrecken laufen. Mit dieser Trainingsform entwickeln Sie Ihre Schnelligkeitsausdauer, gewöhnen Ihre Muskulatur an hohe Lactatkonzentrationen sowie an schnelle Laufbewegungen und schulen gleichzeitig die Laufkoordination. Dies sind Fähigkeiten, die Sie besonders in Wettkämpfen benötigen, wenn Sie kurzfristig auf Tempoverschärfungen wie Zwischen- oder Endspurts reagieren müssen oder aus taktischen Überlegungen Ihr Lauftempo variieren wollen. Wenn Sie das Laufen mit Spikes gewöhnt sind, sollten Sie diese benutzen. Sie verbessern die Abdruckphase.

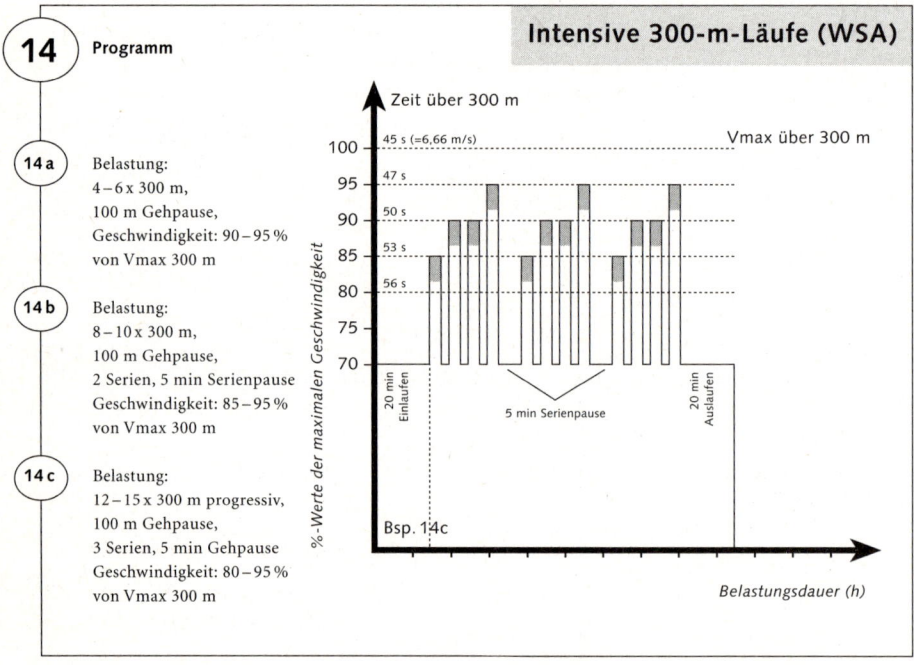

14 Programm

Intensive 300-m-Läufe (WSA)

14 a Belastung:
4 – 6 x 300 m,
100 m Gehpause,
Geschwindigkeit: 90 – 95 %
von Vmax 300 m

14 b Belastung:
8 – 10 x 300 m,
100 m Gehpause,
2 Serien, 5 min Serienpause
Geschwindigkeit: 85 – 95 %
von Vmax 300 m

14 c Belastung:
12 – 15 x 300 m progressiv,
100 m Gehpause,
3 Serien, 5 min Gehpause
Geschwindigkeit: 80 – 95 %
von Vmax 300 m

Zeit über 300 m

100 — 45 s (=6,66 m/s)   Vmax über 300 m
95 — 47 s
90 — 50 s
85 — 53 s
80 — 56 s
75 —
70 —

%-Werte der maximalen Geschwindigkeit

20 min Einlaufen

5 min Serienpause

20 min Auslaufen

Bsp. 14c

Belastungsdauer (h)

15 Intensive 200-m-Läufe

Die intensiven 200-m-Läufe werden wie Programm 14 auf der Bahn gelaufen. Die Bezugsgröße für die Laufgeschwindigkeit der Belastungsabschnitte ist die Bestzeit über 200 m. Die Intensität richtet sich nach der Anzahl der Wiederholungen und liegt zwischen 75 und 90 Prozent der 200-m-Bestzeit. In den Pausen zwischen den Belastungen soll 600 m getrabt werden. Durch den häufigen Wechsel zwischen der hohen Bewegungsgeschwindigkeit und dem langsamen Traben wird Ihre Muskulatur und Ihr Stoffwechsel befähigt, sich schnell auf Tempowechsel einzustellen. Dieses Programm eignet sich besonders in der Wettkampfphase zur Erhaltung von Koordinations- und Mobilisationsfähigkeit.

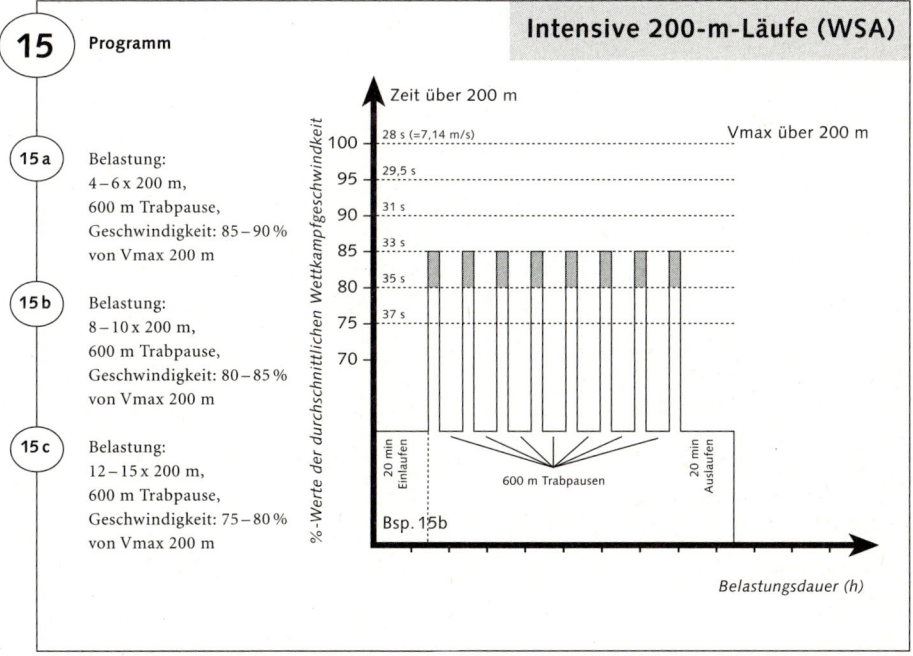

15 Programm

Intensive 200-m-Läufe (WSA)

15a Belastung:
4 – 6 x 200 m,
600 m Trabpause,
Geschwindigkeit: 85 – 90 %
von Vmax 200 m

15b Belastung:
8 – 10 x 200 m,
600 m Trabpause,
Geschwindigkeit: 80 – 85 %
von Vmax 200 m

15c Belastung:
12 – 15 x 200 m,
600 m Trabpause,
Geschwindigkeit: 75 – 80 %
von Vmax 200 m

16 Wettkampftempo-Läufe (WSA)

Zur Ausprägung des Wettkampftempos sind Läufe auf Unterdistanzstrecken ein gutes Trainingsmittel. Die Laufgeschwindigkeit sollte in einem Bereich von 97 bis 102 Prozent der Wettkampfgeschwindigkeit liegen. Dieses Trainingsprogramm ist besonders geeignet, um Ihr Gefühl für das angestrebte Wettkampftempo zu entwickeln und Erfahrungen zu vermitteln, die Sie davor bewahren, im Eifer des Wettkampfs zu schnell anzulaufen. Die Pausen sollen zu einer weitgehend vollständigen Erholung führen.

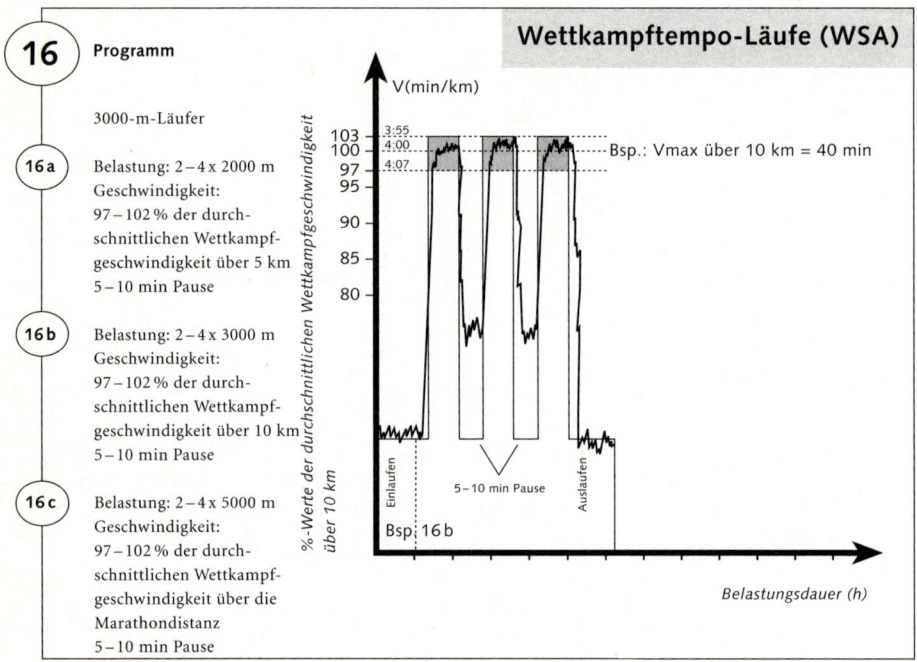

17 Crescendo-Lauf

Der Crescendo-Lauf ist ein Dauerlauf mit progressiv ansteigender Belastungsintensität, der mehrere Trainingsbereiche anspricht. Der Dauerlauf ist in stufenförmig ansteigende Belastungsabschnitte von 2000 bis 5000 m eingeteilt. Sie beginnen auf der niedrigsten Stufe mit einem Lauftempo im GA-1/2-Bereich und enden auf der höchsten Stufe im WSA-Tempo. Mit diesem Programm gewöhnen Sie Ihren Organismus an progressiv ansteigende Belastungen. Wenn Sie in der Lage sind, über einen langen Zeitraum Ihre Laufgeschwindigkeit zu steigern, bzw. sie gegen Ende eines Rennens bei zunehmender Ermüdung zu halten, haben Sie gute Voraussetzungen, einen Wettkampf erfolgreich zu bestreiten.

17 Programm

17a Belastung: 3 x 2000 m
ohne Pause

17b Belastung: 3 x 3000 m
ohne Pause

17c Belastung: 3 x 5000 m
ohne Pause

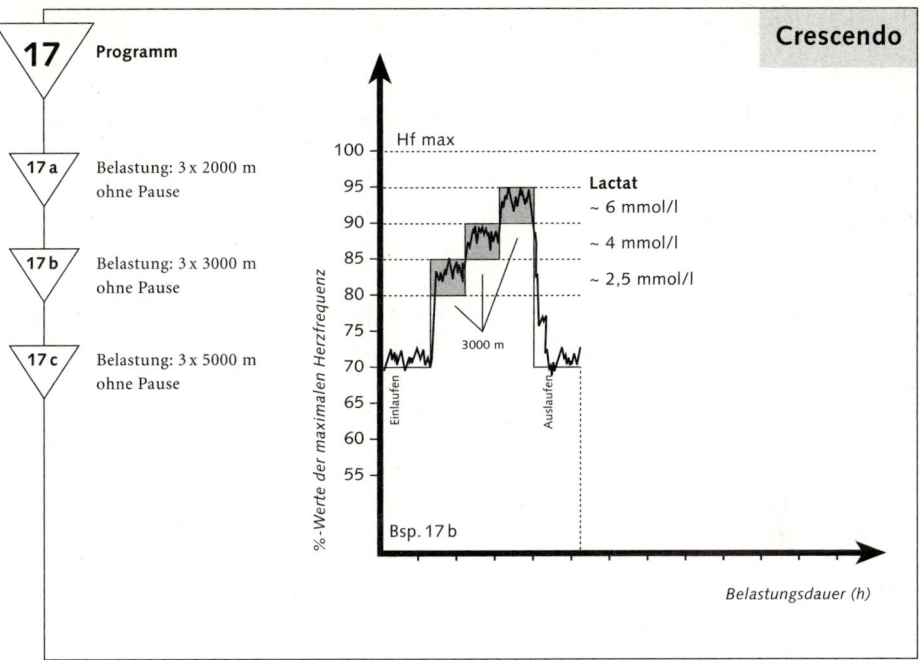

Crescendo

Hf max

100

95   Lactat
        ~ 6 mmol/l
90   ~ 4 mmol/l
85   ~ 2,5 mmol/l
80

75

3000 m

70   Einlaufen   Auslaufen

65

60

55

Bsp. 17 b

%-Werte der maximalen Herzfrequenz

Belastungsdauer (h)

18 Programm

18a 3 km

18b 5 km

18c 10 km

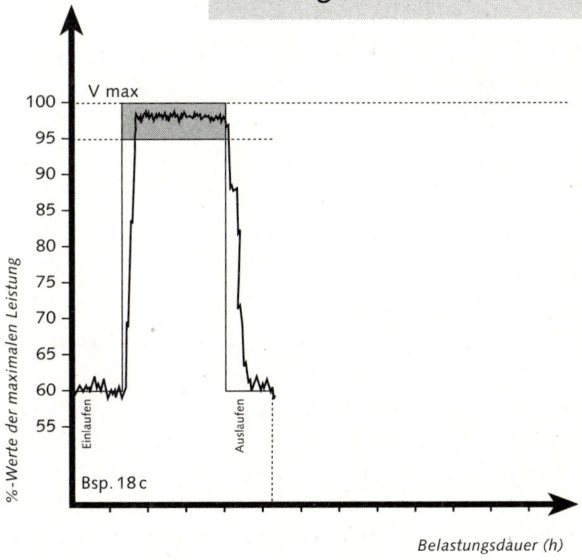

Leistungskontroll-Lauf (WSA)

V max

100

95

90

85

80

75

70

65

60   Einlaufen   Auslaufen

55

Bsp. 18 c

%-Werte der maximalen Leistung

Belastungsdauer (h)

18 Leistungskontroll-Lauf (WSA)

Der Leistungskontroll-Lauf dient zur Formüberprüfung. Er soll Aufschluß über Ihren aktuellen Leistungsstand geben und kann als Prognose für geplante Wettkämpfe dienen. Die Teststrecke sollte deutlich kürzer sein als die Wettkampfstrecke (= Unterdistanzstrecke). Um Leistungsveränderungen festzustellen, sollten Sie auf der gleichen Teststrecke Lactat, Herzfrequenz, Zeit und äußere Bedingungen protokollieren. Vor den Tests sollten Sie sich immer locker einlaufen. (Graphik, s. S. 53)

19 Test zur Bestimmung der maximalen Herzfrequenz

Mit diesem Programm bestimmen Sie Ihre maximale Herzfrequenz. Wärmen Sie sich etwa 30 Minuten lang mit Steigerungen und Antritten intensiv auf. Laufen Sie dann mit maximaler Geschwindigkeit 1000 m auf einer flachen oder leicht ansteigenden Strecke, beenden Sie den Lauf mit einem Spurt. Der höchste Wert, den Sie auf Ihrem Herzfrequenz-Meßgerät ablesen, entspricht Ihrer aktuellen maximalen Herzfrequenz (Hf_{max}). Von diesem Wert werden die Trainingsbereiche prozentual abgeleitet (s. Tabelle S. 151). Darüber hinaus können Sie nach der Maximalbelastung eine Lactatmessung vornehmen. Wenn Sie nach der Ausbelastung Ihre maximalen Herzfrequenz- und Lactatwerte nicht erreichen, deutet dies auf eine schlechte muskuläre Mobilisationsfähigkeit hin. Mit Steigerungsläufen, Sprints und kurzen Antritten können Sie diese gezielt verbessern.

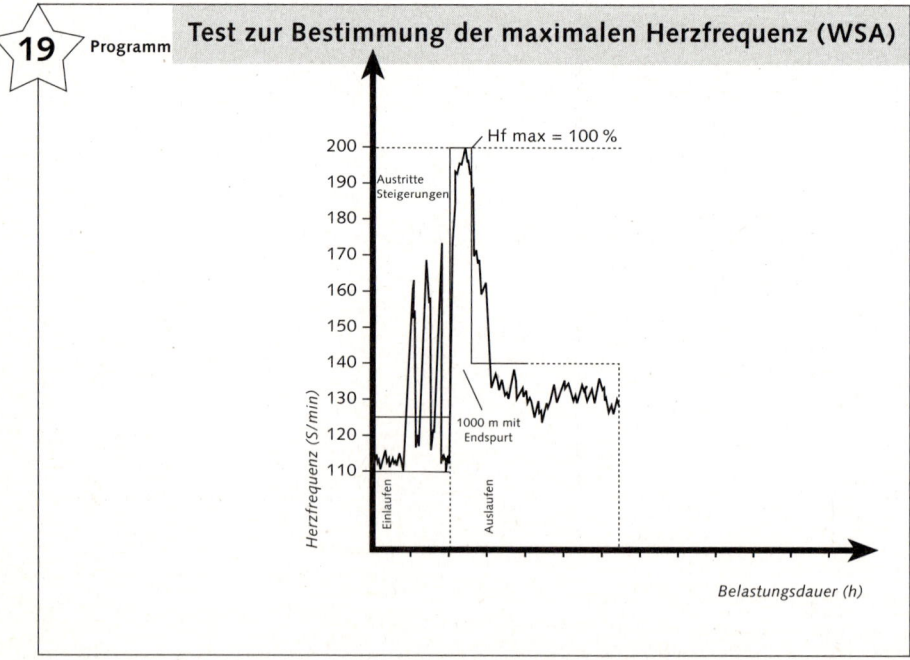

19 Programm — **Test zur Bestimmung der maximalen Herzfrequenz (WSA)**

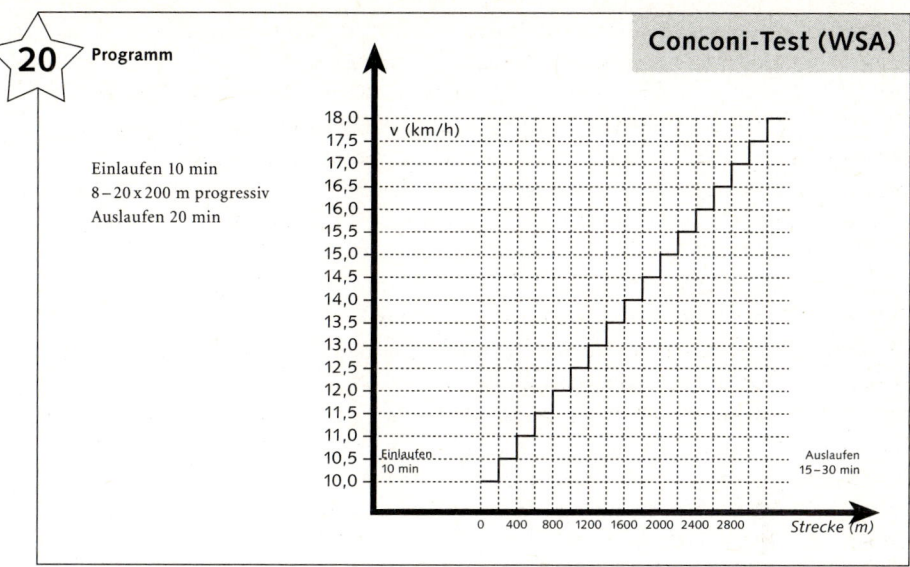

Testdurchführung s. Seiten 27 u. 28.

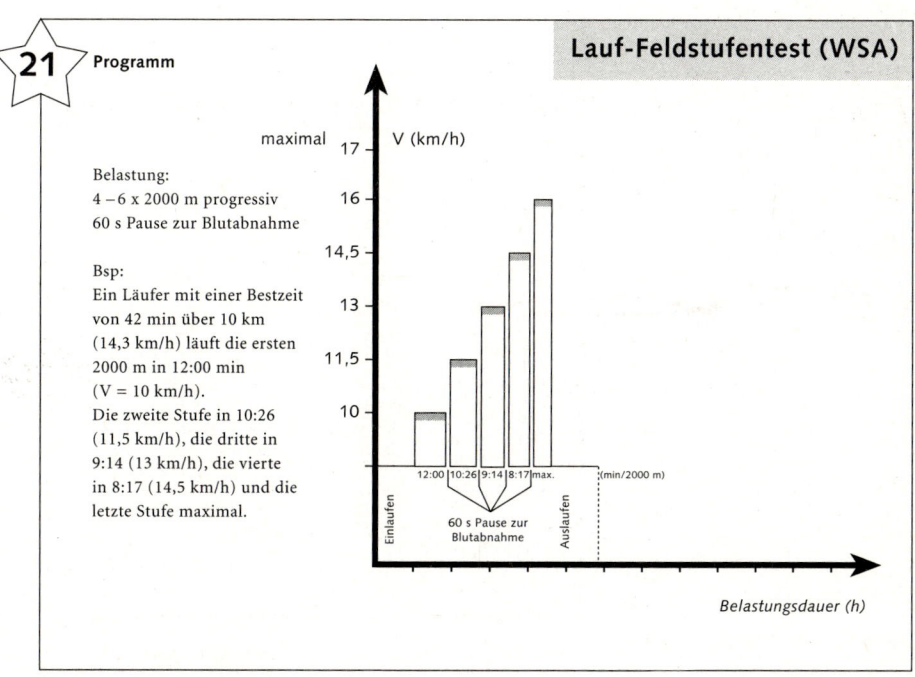

Testdurchführung s. Seite 20.

22 Indoortraining auf Laufband, Fahrradergometer oder Fahrradrolle

Als richtiger Läufer lassen Sie natürlich keine Gelegenheit aus, im Freien zu trainieren. Dennoch ist es manchmal angebracht, das Laufband oder das Fahrradergometer zu nutzen, beispielsweise zum Aufwärmen vor dem Krafttraining oder als intensivere Form nach dem Krafttraining, um den Kraftreiz in eine laufspezifische Bewegung umzusetzen. Aber auch bei schlechtem Wetter macht es Sinn, auf den Hometrainer auszuweichen. Das Indoortraining kann als Dauertraining (a), als Fahrtspiel (b) oder als Pyramidentraining (c und d) auf dem Laufband, dem Fahrradergometer oder der Fahrradrolle durchgeführt werden.

a) Dauertraining

Diese Trainingseinheit wird nach der Dauermethode mit relativ konstanter Beanspruchung (GA-1-Bereich) durchgeführt. Auf dem Ergometer oder der Rolle ist der Widerstand bzw. die Übersetzung so zu wählen, daß Sie eine Tretfrequenz von 80 bis 90 Umdrehungen/min einhalten können. Das Dauertraining eignet sich zum Aufwärmen vor dem Krafttraining oder als REKOM-Einheit.

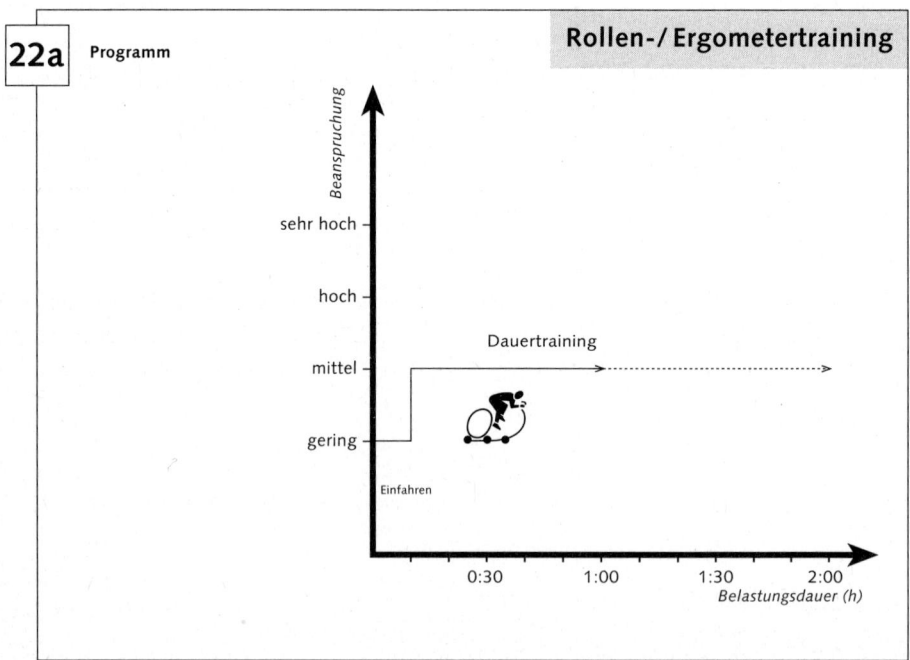

22a Programm

Rollen-/Ergometertraining

Beanspruchung

sehr hoch

hoch

mittel — Dauertraining

gering

Einfahren

0:30   1:00   1:30   2:00
Belastungsdauer (h)

b) Fahrtspiel

Beim Fahrtspiel können Sie alle Intensitätsbereiche ansprechen. Der Widerstand bzw. die Laufgeschwindigkeit ist so zu wählen, daß die Herzfrequenz auf der niedrigsten Belastungsstufe etwa 70 Prozent, auf der höchsten etwa 90 Prozent der maximalen Herzfrequenz beträgt. Die Tretfrequenz auf dem Rad bzw. Ergometer sollte über 90 Umdrehungen / min liegen.

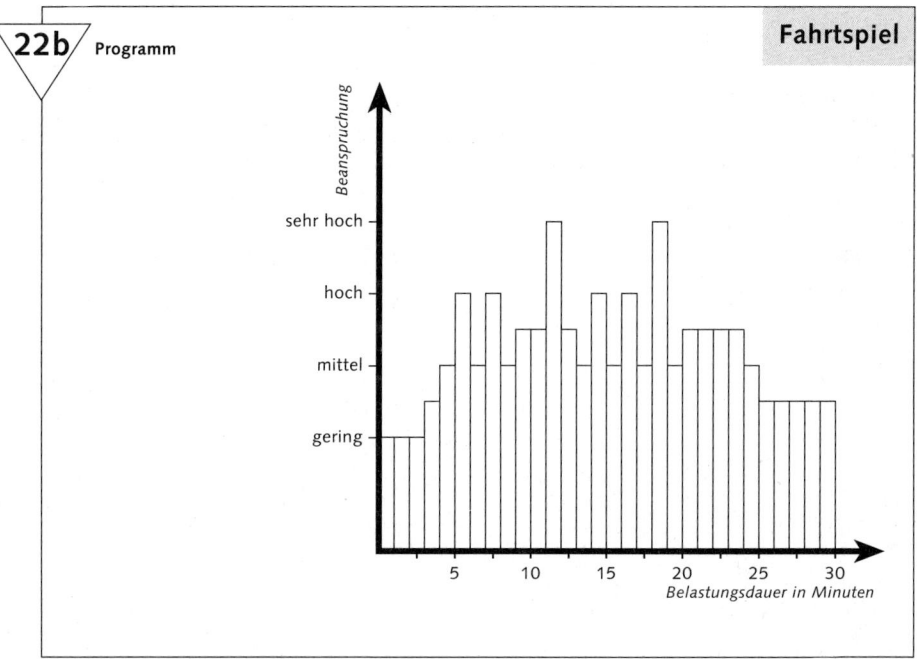

c) und d) Pyramidentraining

Wie in den Graphiken 22 c und d auf Seite 58 zu sehen ist, nimmt beim Pyramidentraining die Belastungsintensität von Stufe zu Stufe zu. Nach dem Erreichen einer hohen Belastungsintensität nimmt sie stufenförmig wieder ab. Beginnen Sie mit niedriger Intensität.

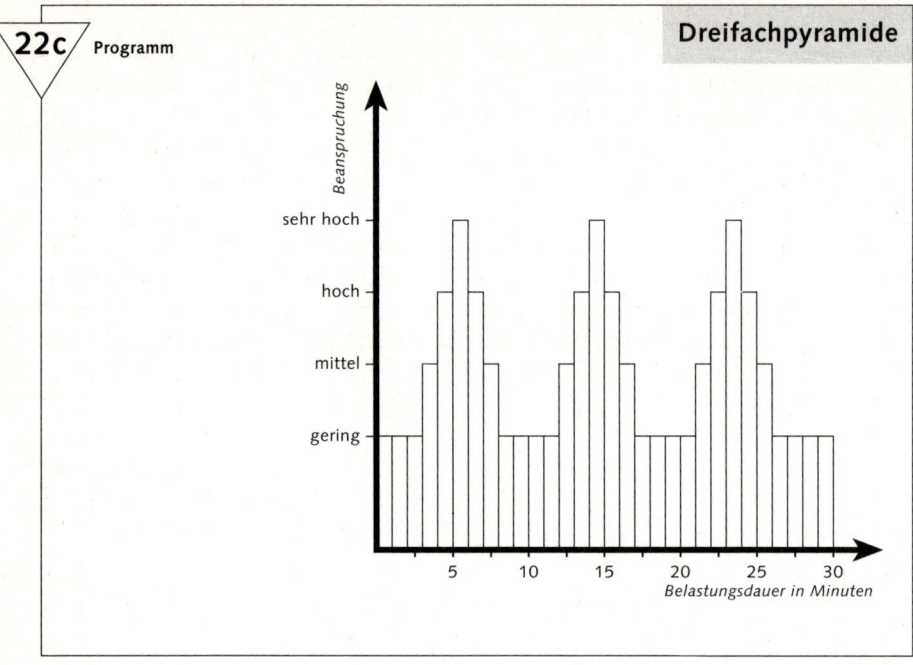

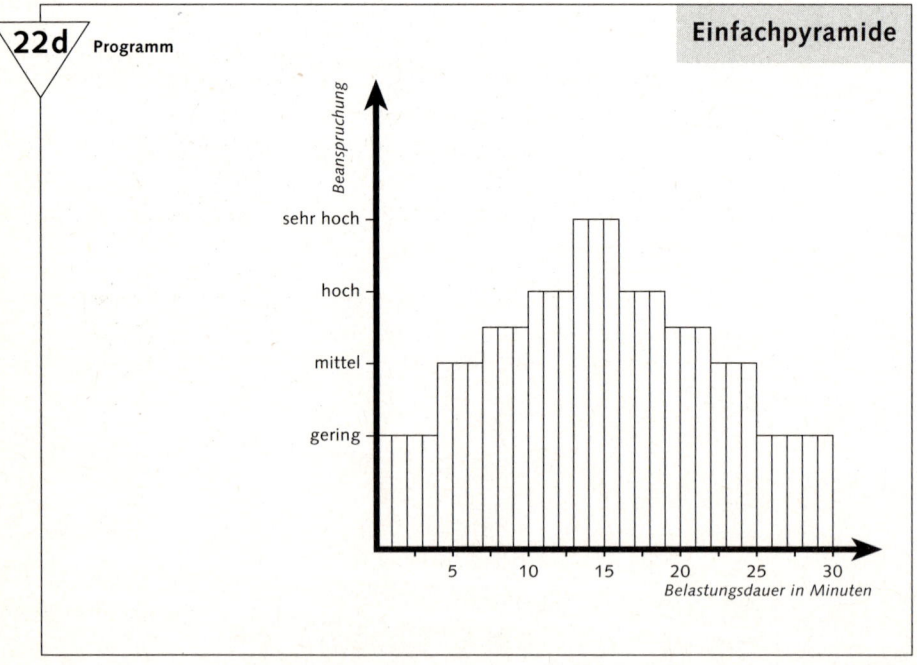

23 Run & Bike (REKOM – GA 2)

Beim Run & Bike wechseln Sie sich mit einem Partner beliebig oft mit Laufen und Radfahren, am besten auf dem Mountainbike, ab. Für die Länge der Teilstrecken gibt es keine Vorgaben. Die Gesamtbelastungsdauer kann bis zu 3 Stunden betragen. Die Belastungsintensität liegt in Abhängigkeit vom Streckenprofil beim Laufen im GA-2-Bereich (80 bis 90 Prozent der Hf_{max}), während das Radfahren in der Regel regenerativen Charakter für Sie haben wird. Run & Bike ist hervorragend geeignet, wenn Sportler mit unterschiedlichem Leistungsniveau gemeinsam trainieren wollen. Die wechselnden Belastungen zwischen Radfahren und Laufen ermöglichen lange Trainingseinheiten, ohne den Bewegungsapparat zu stark zu beanspruchen. Sie sollten bei niedrigeren Temperaturen beachten, daß Sie nach dem Laufen auf dem Rad leicht auskühlen. Deshalb nehmen Sie unbedingt eine gemeinsame warme Jacke zum Überziehen mit.

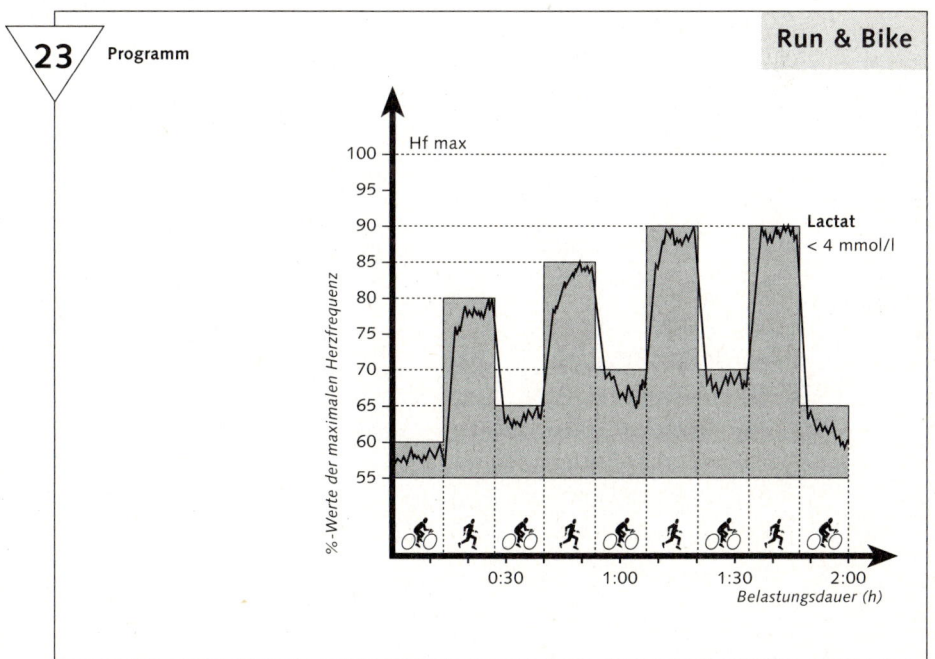

24 REKOM-Radfahrt

Die Regenerations- bzw. Kompensationsradfahrt kommt vor allem nach intensiven Trainingseinheiten oder Wettkämpfen, die das Bewegungssystem stark belastet haben, zur Anwendung. Es wird auf flachen Strecken gefahren, die ein entspanntes Training zulassen. Sie sollten nicht länger als 1,5 Stunden unterwegs sein. Die Belastungsintensität ist niedrig und liegt unter 70 Prozent der maximalen Herzfrequenz. Die Lactatkonzentration sollte während der REKOM-Radfahrt nicht ansteigen und entspricht etwa dem Ruhelactatwert von 1 bis 2 mmol / l. Eine regenerative Radfahrt wirkt den relativ einseitigen Beanspruchungen beim Laufen kompensatorisch entgegen.

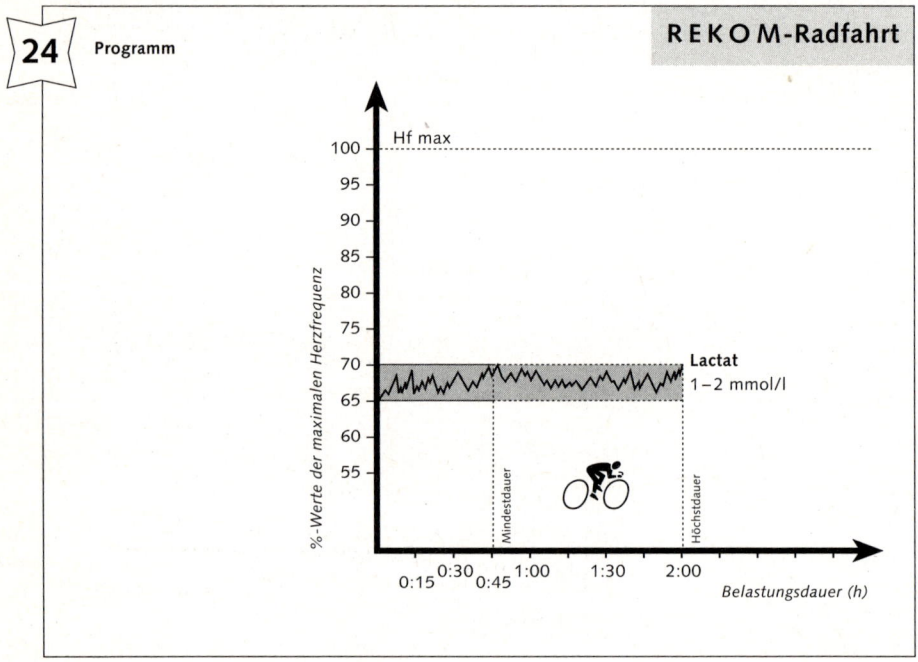

25 Extensive Radfahrt (GA 1)

Die extensive Radfahrt wird nach der kontinuierlichen Dauermethode auf flachen bis mittel profilierten Strecken durchgeführt. In Abhängigkeit der Belastungsdauer kann die Herzfrequenz auf 70 bis 75 Prozent der maximalen Herzfrequenz ansteigen. Die Lactatkonzentration bleibt unter 2,5 mmol/l. Mit der extensiven Radfahrt lassen sich im Vergleich zum Laufen für das Bewegungssystem weniger beanspruchende Trainingsbelastungen realisieren.

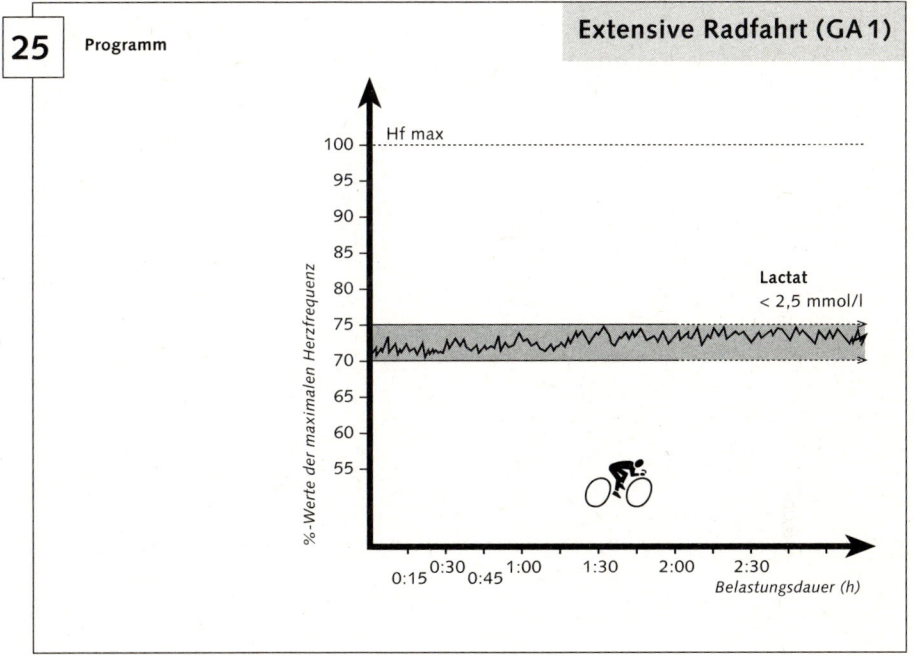

26 Rad-Fahrtspiel (GA 2)

Für das Rad-Fahrtspiel eignet sich besonders ein profiliertes Gelände. In Abhängigkeit vom Streckenprofil ‹spielen› Sie mit dem Tempo und der Belastungsdauer (s. Programme 5 und 6). Sie können beispielsweise kurze Anstiege schnell hochfahren und Bergabpassagen zur Erholung nutzen. Beim Fahrtspiel sollte die Belastungsintensität zwischen 75 und 90 Prozent der maximalen Herzfrequenz liegen. Die Lactatkonzentration sollte 6 mmol/l nicht übersteigen.

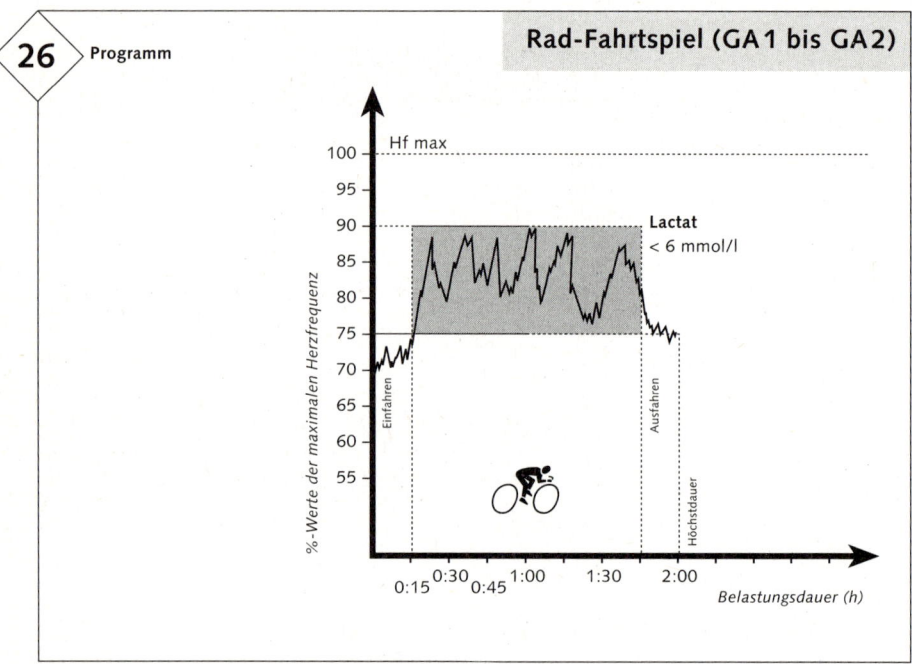

27–29 Skilanglauf / In-line-Skating / Schlittschuhlauf (GA 1 und Basisausdauer)

In den Vorbereitungsperioden sind Skilanglauf, In-line-Skating und Schlittschuhlaufen die idealen Ergänzungssportarten zum Laufen. Durch den schonenden Ganzkörpereinsatz lassen sich hohe Belastungsumfänge von mehreren Stunden zur Entwicklung der Basisausdauer relativ leicht realisieren. Außerdem bringen diese drei Sportarten Abwechslung in den Trainingsalltag. Mit dem Schlittschuhschritt entwickeln Sie aufgrund der hohen statischen Haltearbeit und dem kräftigen dynamischen Beinabdruck hervorragend Ihre Beinkraftausdauer.

Das extensive Training nach der Dauermethode wird mit einer Herzfrequenz von 70 bis 80 Prozent der Hf_{max} bzw. 2 bis 3 mmol/l Lactat absolviert (Programm 27). Bei längeren Belastungen wird die Intensität auf 65 bis 70 Prozent der Hf_{max} reduziert. Eine sehr erlebnisreiche Trainingseinheit, bei der Sie in besonderem Maße Ihren Fett-

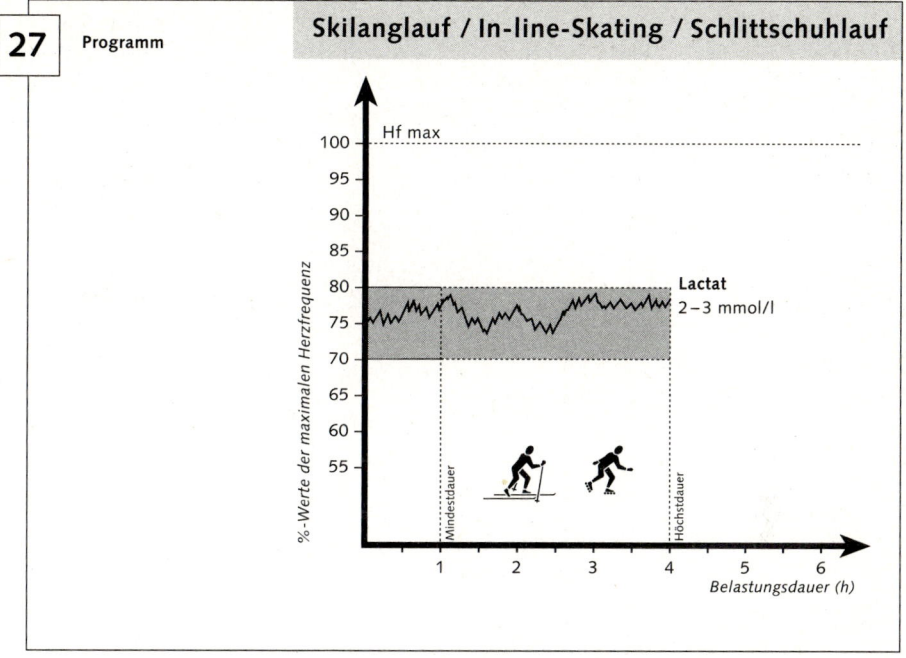

27 Programm

Skilanglauf / In-line-Skating / Schlittschuhlauf

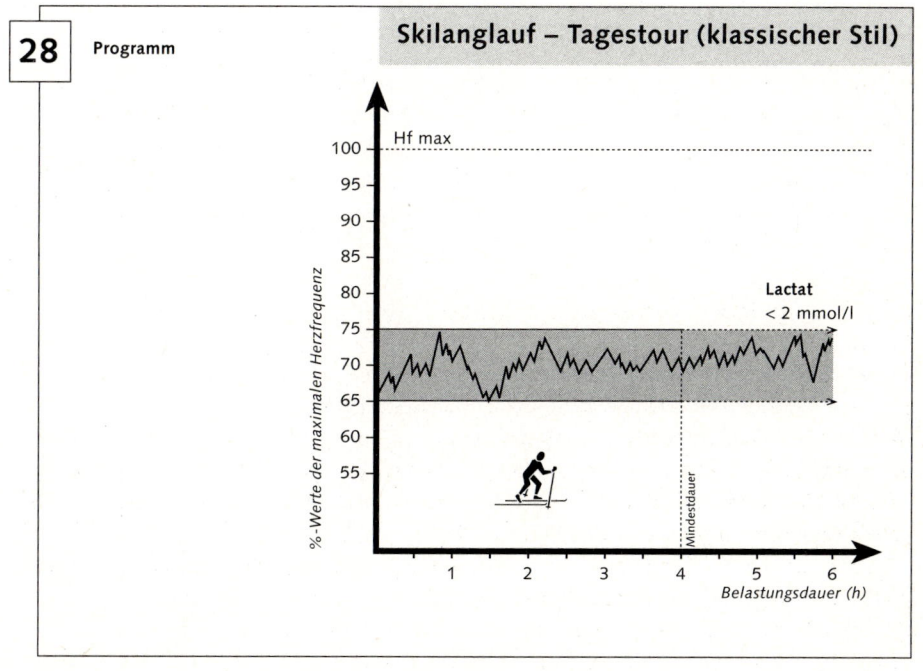

28 Programm

Skilanglauf – Tagestour (klassischer Stil)

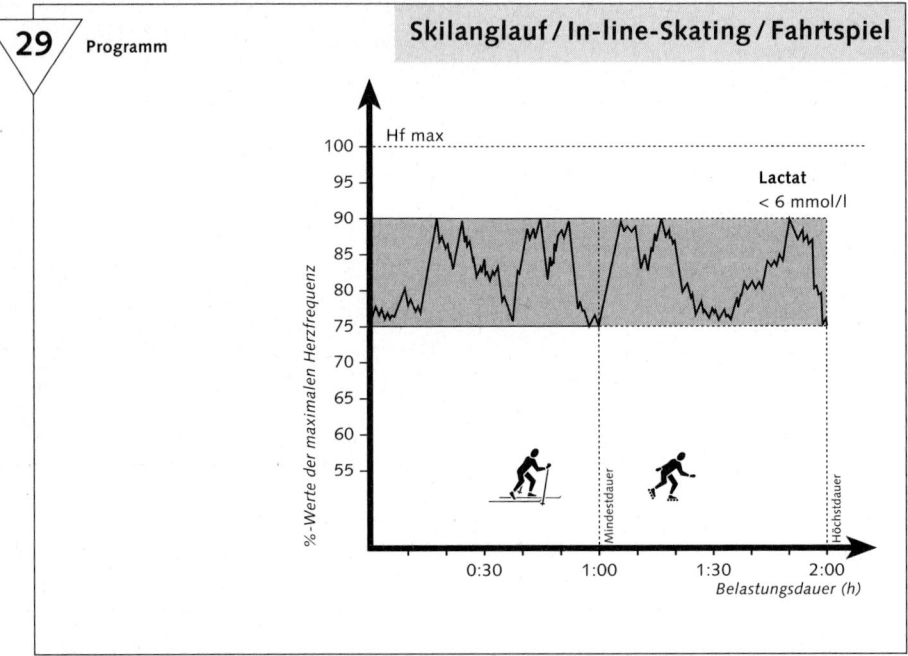

29 Programm

Skilanglauf / In-line-Skating / Fahrtspiel

stoffwechsel trainieren, ist eine Skilanglauftagestour (Programm 28). Beim Fahrtspiel hingegen bestimmt der Sportler selbst Tempo und Länge der Belastungsabschnitte in einer Trainingseinheit. Eine obere Intensitätsgrenze (90 Prozent von Hf_{max}) hilft Überforderungen zu vermeiden. Bei einem langen Fahrtspiel von bis zu zwei Stunden sollten Sie eine Lactatkonzentration von 6 mmol/l nicht überschreiten (Programm 29).

30 REKOM-Schwimmen

Das REKOM-Schwimmen in gut temperiertem Wasser (mindestens 27 °C) eignet sich ideal zur Regeneration bzw. Kompensation nach harten Trainingseinheiten oder Wettkämpfen. Die Dauer der Einheit sollte etwa 30 min betragen. Es ist günstig, wenn Sie in verschiedenen Techniken schwimmen können. Rückenschwimmen ist besonders entspannend für die Rückenmuskulatur. Wieviel Bahnen Sie in einer Einheit schwimmen, ist von untergeordneter Bedeutung. Wichtiger ist es, daß sie sich beim Schwimmen entspannen, also wenn nötig auch mal eine Pause einlegen. Der Wasserreiz wirkt in jedem Fall günstig auf den Muskeltonus.

31 Aqua-Jogging

Aqua-Jogging bei langsamer und entspannter Bewegungsausführung über 20 bis 30 Minuten ist ein gelenkschonendes Regenerations- und Kompensationstraining. Besonders gern wird es von ‹Schwimmuffeln› als Alternative zum Schwimmen eingesetzt. Zum Aqua-Jogging eignen sich Flachwasser und Tiefwasser. Im Tiefwasser werden die Laufbewegungen mit Auftriebshilfen ohne Bodenkontakt imitiert. Alle Muskeln, die am Laufen beteiligt sind, werden durch die zyklischen Bewegungen gelockert und zugleich gekräftigt. Gezielte Übungen aus dem Lauf-Abc (s. S. 33) erhöhen die Flexibilität. Je nach Zielsetzung können Sie daraus eine durchaus stark beanspruchende Trainingseinheit machen. Höhere Bewegungsfrequenzen führen aufgrund des hohen Wasserwiderstandes zu starken Beanspruchungen des Herz-Kreislauf-Systems und der Muskulatur.

Das Training für den Freizeitjogger

Jogging ist eine natürliche Aktivität, um sich fit zu halten. Im Frühjahr, bei den ersten warmen Sonnenstrahlen, ist Joggen besonders beliebt. Der Winterspeck muß weg! Hohe Ziele werden gesteckt und feste Trainingstage eingeplant – man will schnell fit werden. In den ersten Wochen macht das Joggen Spaß. Doch die Anfangseuphorie verfliegt schnell, wenn Monotonie das Laufen bestimmt. Häufiger fällt mal ein Lauftermin aus, ein Grund ist leicht gefunden.

Mit den folgenden abwechslungsreichen und vielseitigen Wochentrainingsplänen wollen wir Sie das ganze Jahr sportlich aktiv halten und so zu Ihrer Gesundheit, Fitneß und Leistungsfähigkeit beitragen.

Vielleicht haben Sie sich in der Vergangenheit gewundert, daß Sie sich nach dem Laufen ausgepowert und müde fühlten, daß Sie Ihre Leistungsfähigkeit trotz regelmäßigen Trainings nicht erhöhen konnten, nach dem Joggen muskuläre Verspannungen oder Beschwerden in den Gelenken hatten und vieles mehr. All diese Unannehmlichkeiten müssen nicht sein, wenn Sie mit System trainieren, sich also optimal fordern, nicht überfordern. Dazu haben wir exemplarisch ein 16-Wochen-Programm zusammengestellt, das systematisch und schonend Ihre Fitneß verbessert. Sie werden nicht ausschließlich laufen, sondern auch in anderen Ausdauersportarten aktiv sein und zu Dehnungsgymnastik (s. S. 116) und Krafttraining (s. S. 127) angeleitet. Das hält Sie nicht nur im Sport leistungsfähig und belastbar. Das 16-Wochen-Programm zeigt Ihnen, wie das Training mit System gestaltet wird. Trotzdem sollten Sie in die Pläne Ihre persönlichen Gegebenheiten und Bedürfnisse mit einfließen lassen. Legen Sie nach dem 16wöchigen Trainingsblock ruhig mal eine 1- bis 2wöchige ‹Laufpause› ein. Danach beginnen Sie wieder mit dem 16-Wochen-Plan, wobei Sie die Umfänge nun etwas erhöhen können.

Die **Wochentrainingspläne** für Freizeitjogger sind so aufgebaut, daß nach einer dreiwöchigen Phase mit allmählich ansteigenden Umfängen eine Woche mit reduzierter

Beanspruchung folgt. Diese Woche sollen Sie zur aktiven Erholung nutzen. Das Prinzip von wechselnden Belastungs- und Erholungsphasen ist erforderlich, damit Ihr Organismus die Trainingsreize optimal verarbeiten kann und so vor einer Überforderung geschützt ist.

In den ersten 4 Wochen gewöhnen Sie sich an die regelmäßigen Laufbelastungen. Der Umfang von 10 bis 25 km pro Woche ist leicht zu schaffen, zumal das Training auf zwei bis drei Tage verteilt ist. Nach einer Eingewöhnungsphase mit lockeren Trainingseinheiten im extensiven Grundlagenausdauer-Bereich gilt das besondere Augenmerk dem Hf_{max}- oder dem Conconi-Test in der 2. Woche, mit dem Sie Ihre maximale Herzfrequenz und Leistungsfähigkeit bestimmen. Dieser Test ist deshalb so wichtig, weil Sie über den ermittelten Wert (Tabelle S. 151) in den nächsten Wochen die Trainingsintensität steuern sollen. Die ermittelten Werte können Sie in den Wochentrainingsplänen in die entsprechende Leerzeile eintragen.

In den **Wochen 5 bis 8** werden die Umfänge mit extensiven Laufeinheiten weiter erhöht. Das Training ist auf vier Tage in der Woche verteilt. Wir hoffen, Sie können diese Zeit für sich beanspruchen, ohne andere Verpflichtungen dabei zu vernachlässigen. Für Sie als Läufer ist es einfach effektiver, mehrmals pro Woche kürzer zu trainieren als beispielsweise zweimal in der Woche sehr lang. Nach längeren Läufen ermüdet man stärker und benötigt eine längere Regenerationsphase. Der Hauptgrund jedoch ist, daß Sie Ihren Organismus durch die häufigeren Reize auch häufiger zu Umstellungsreaktionen zwingen und er sich schneller auf ein höheres Leistungsniveau einstellen kann. Dies ermöglicht die beste Leistungsentwicklung und Fitneßsteigerung. Mit Skilanglauf oder In-line-Skating, wie wir es am Wochenende für Sie geplant haben, tun Sie auf gelenkschonende Weise etwas für Ihre Fitneß und trainieren gleichzeitig Ihr Herz-Kreislauf-System. Natürlich können Sie mit Run & Bike (Programm 23) oder einer extensiven Radfahrt (Programm 25) das gleiche Ziel erreichen. Persönliche Vorliebe und Witterungsbedingungen sollten Ihre Entscheidung beeinflussen. Der 3-km-Lauf auf Zeit in der 8. Woche gibt Ihnen die Möglichkeit einer Standortbestimmung Ihres Fitneßzustandes. Die erzielte Zeit und die erreichten Herzfrequenz- und Lactatwerte sind zudem Orientierungswerte, an denen Sie die Ergebnisse der in Zukunft folgenden Testläufe messen können.

In den **Wochen 9 bis 12** wird der Umfang dadurch erhöht, daß die Trainingseinheiten länger werden. Verfügen Sie über eine gute Kondition, kann ein Fettstoffwechsellauf von etwa 1,5 Stunden Sie neu fordern. Wichtig ist, daß Sie dabei von Anfang an sehr langsam laufen, den angegebenen Intensitätsbereich möglichst exakt einhalten. Beim Laufen wird die Rumpfmuskulatur nur gering beansprucht, weshalb wir Ihnen ab der 9. Woche ein 3wöchiges «Krafttraining an Geräten» als Fitneßtraining empfehlen (s. S. 143). Suchen Sie sich ein geeignetes Fitneßstudio mit qualifizierten Trainern und einer angenehmen Atmosphäre. Durch das Training der letzten Wochen hat sich Ihre Ausdauerleistungsfähigkeit erhöht. Sie sind leistungsfähiger geworden und sollten Ihre Trainingsbereiche mit dem Test in der 12. Woche kontrollieren und gegebenenfalls neu festlegen.

In den **letzten vier Wochen** dieses Fitneßplanes werden neben einer geringen Um-

Wochenpläne A: Freizeitjogger

Woche	Montag	Dienstag	Mittwoch	Donnerstag	Freitag	Samstag	Sonntag	Umfang
1.		[2] ~30min Extensiver Dauerlauf Hf$_{max}$: 70–80% Lactat: <2mmol/l		[2] ~40min Extensiver Dauerlauf Hf$_{max}$: 70–80% Lactat: <2mmol/l				~10km ~1:10h
2.		[2] ~40min Extensiver Dauerlauf Hf$_{max}$: 70–80% Lactat: <2mmol/l		[2] ~40min Extensiver Dauerlauf Hf$_{max}$: 70–80% Lactat: <2mmol/l		[19] ~40min Hf$_{max}$-Test		~20km ~2h
3.		[5] ~45min Extensives Fahrtspiel Hf$_{max}$: 70–90% Lactat: <6mmol/l		[5] ~40min Extensives Fahrtspiel Hf$_{max}$: 70–90% Lactat: <6mmol/l		[2] ~50min Extensiver Dauerlauf Hf$_{max}$: 70–80% Lactat: <2mmol/l		~25km ~2:15h
4.		[5] ~45min Extensives Fahrtspiel Hf$_{max}$: 70–90% Lactat: <6mmol/l		[2] ~50min Extensiver Dauerlauf Hf$_{max}$: 70–80% Lactat: <2mmol/l		[25] ~1:20h Extensive RF Hf$_{max}$: 70–75% Lactat: <2,5mmol/l		~20km ~3h
5.		[2] ~40min Extensiver Dauerlauf Hf$_{max}$: 70–80% Lactat: <2mmol/l		[5] ~45min Extensives Fahrtspiel Hf$_{max}$: 70–90% Lactat: <6mmol/l		[2] ~50min Extensiver Dauerlauf Hf$_{max}$: 70–80% Lactat: <2mmol/l	[23] ~1h Run & Bike Hf$_{max}$: <90% Lactat: <4mmol/l Hf$_{max}$: ~70%	~25km ~3:30h

Woche	Montag	Dienstag	Mittwoch	Donnerstag	Freitag	Samstag	Sonntag	Umfang
6.		[2] ~45 min Extensiver Dauerlauf · Hf_{max}: 70–80 % · Lactat: <2 mmol/l		[4] ~40 min Intensiver Dauerlauf · Hf_{max}: 80–85 % · Lactat: 2,5 mmol/l		[2] ~50 min Extensiver Dauerlauf · Hf_{max}: 70–80 % · Lactat: <2 mmol/l	[27] ~1 h Skilanglauf Inline-Skating · Hf_{max}: 70–80 % · Lactat: 2–3 mmol/l	~25 km / ~3:30 h
7.		[2] ~50 min Extensiver Dauerlauf · Hf_{max}: 70–80 % · Lactat: <2 mmol/l		[5 ▷] ~45 min Extensives Fahrtspiel · Hf_{max}: 70–90 % · Lactat: <6 mmol/l		[2] ~1 h Extensiver Dauerlauf · Hf_{max}: 70–80 % · Lactat: <2 mmol/l	[27] ~1 h Skilanglauf Inline-Skating · Hf_{max}: 70–80 % · Lactat: 2–3 mmol/l	~30 km / ~3:30 h
8.		[2] ~40 min Extensiver Dauerlauf · Hf_{max}: 70–80 % · Lactat: <2 mmol/l		[11 ▷] ~20 min REKOM-Lauf · Hf_{max}: 65–70 % · Lactat: 1–2 mmol/l		[18a ☆] ~50 min · 3 km auf Zeit		~20 km / ~2 h
9.		[22a] Ergometer-training (KT₁)		[5 ▷] ~50 min Extensives Fahrtspiel · Hf_{max}: 70–90 % · Lactat: <6 mmol/l		[2] ~1:15 h Extensiver Dauerlauf · Hf_{max}: 70–80 % · Lactat: <2 mmol/l	[27] ~1 h Skilanglauf Inline-Skating · Hf_{max}: 70–80 % · Lactat: 2–3 mmol/l	~30 km / ~4:30 h
10.		[22a] Ergometer-training (KT₁)		[4] ~40 min Intensiver Dauerlauf · Hf_{max}: 80–85 % · Lactat: 2,5 mmol/l		[2] ~50 min Extensiver Dauerlauf · Hf_{max}: 70–80 % · Lactat: <2 mmol/l	[3] ~1:30 h Fettstoff-wechsellauf · Hf_{max}: 65–70 % · Lactat: <1,5 mmol/l	~35 km / ~4:30 h
11.		[22a] Ergometer-training (KT₁)		[5 ▷] ~45 min Extensives Fahrtspiel · Hf_{max}: 70–90 % · Lactat: <6 mmol/l		[2] ~50 min Extensiver Dauerlauf · Hf_{max}: 70–80 % · Lactat: <2 mmol/l	[3] ~1:30 h Fettstoff-wechsellauf · Hf_{max}: 65–70 % · Lactat: <1,5 mmol/l	~35 km / ~4:30 h

Woche	Montag	Dienstag	Mittwoch	Donnerstag	Freitag	Samstag	Sonntag	Umfang
12.		[4] ~40min Intensiver Dauerlauf Hf_{max}: 80–85 % Lactat: ~2,5 mmol/l				☆19 ~40min Hf_{max}-Test		~25 km ~2:15 h
13.		[1] ~30min REKOM-Lauf Hf_{max}: 65–70 % Lactat: 1–2 mmol/l (KT)		[2] ~45min Extensiver Dauerlauf Hf_{max}: 70–80 % Lactat: <2 mmol/l		▽6 ~40min Intensives Fahrtspiel Hf_{max}: 70–90 % Lactat: >6 mmol/l	[3] ~1:30h Fettstoffwechsellauf Hf_{max}: 65–70 % Lactat: <1,5 mmol/l	~35 km ~4:30 h
14.		[1] ~40min REKOM-Lauf Hf_{max}: 65–70 % Lactat: 1–2 mmol/l		[2] ~1h Extensiver Dauerlauf Hf_{max}: 70–80 % Lactat: <2 mmol/l		▽6 ~40min Intensives Fahrtspiel Hf_{max}: 70–100 % Lactat: >6 mmol/l	[3] ~1:30h Fettstoffwechsellauf Hf_{max}: 65–70 % Lactat: <1,5 mmol/l	~40 km ~5 h
15.		[1] ~40min REKOM-Lauf Hf_{max}: 65–70 % Lactat: 1–2 mmol/l (KT)		[5] ~1h Extensives Fahrtspiel Hf_{max}: 70–90 % Lactat: <6 mmol/l		▽7 ~40min Tempodauerlauf Hf_{max}: 85–90 % Lactat: <4 mmol/l	[3] ~1:30h Fettstoffwechsellauf Hf_{max}: 65–70 % Lactat: <1,5 mmol/l	~40 km ~5 h
16.		◇10a 4×1000 m (extensiv) Hf_{max}: 95–97 % Lactat: <6 mmol/l		[1] ~25min REKOM-Lauf Hf_{max}: 65–70 % Lactat: 1–2 mmol/l		☆18a ~50min 3 km auf Zeit oder 5 km Volkslauf		~20 km ~2 h

fangserhöhung die Trainingseinheiten im Bereich der aerob-anaeroben Schwelle intensiviert. Mit diesen Reizen soll die Ausdauer weiterentwickelt werden. Ziel ist es, längere Strecken in höherem Tempo laufen zu können. Die Basis dazu haben Sie in den ersten 12 Wochen gelegt, wenn Sie nach Plan trainiert haben. Zum Abschluß dieses Blocks steht wieder ein 3-km-Lauf auf Zeit. Sie werden staunen, welche Veränderungen eingetreten sind. Eine bessere Leistungsfähigkeit zeigt sich, wenn Sie die Teststrecke schneller als beim ersten Mal laufen oder sie in der gleichen Zeit, dafür aber mit geringerer Anstrengung bewältigen, was sich im Vergleich zum ersten Test in niedrigeren Herzfrequenz- und Lactatwerten niederschlägt. Sollten Sie mit Ihrer Leistung jedoch nicht ganz zufrieden sein, so bedenken Sie, daß solche Testleistungen stark von der jeweiligen Tagesform abhängig sind. Vielleicht haben Sie mittlerweile auch schon mal mit dem Gedanken gespielt, an einem Volkslauf über 5 oder 10 km teilzunehmen. Zugegeben, Sie würden noch nicht ‹vorn mit dabei sein›, aber Sie würden ohne Probleme ins Ziel kommen.

Das Training für den Volksläufer

Im Gegensatz zu dem für den Freizeitjogger ist das Trainingsprogramm für den Volksläufer umfangreicher und stärker leistungsbezogen. Viele Volksläufer beteiligen sich an den ganzjährig angebotenen Laufwettbewerben. Die beliebtesten Wettkämpfe sind Volksläufe über 5 und 10 km und regionale Serienveranstaltungen. Ihre Ziele für die nächste Saison könnten wie folgt aussehen: Sie wollen endlich einmal vor Ihrem stärksten Konkurrenten ins Ziel kommen oder sich auf Ihrem Lieblingslauf einfach nur um ein paar Plätze verbessern. Oder aber Gegner sind Ihnen völlig gleichgültig, und Sie wollen auf dem Volkslauf ‹X› schneller sein als im letzten Jahr – weil es einfach Spaß macht. Was es auch immer ist, mit den zwei nachfolgenden Trainingsplänen wollen wir Ihnen zeigen, wie Sie Ihr persönliches Ziel gesundheitlich verträglich erreichen.

Gute Leistungen im Wettkampf setzen ein mehrwöchiges Basistraining voraus. Deswegen beginnen die Trainingspläne mit der *allgemeinen Vorbereitungsperiode* über 12 Wochen. In der folgenden 6wöchigen *speziellen Vorbereitungsperiode* ist das Training zunehmend auf die Anforderungen der geplanten Volksläufe abgestimmt. Trainingseinheiten mit höherer Laufgeschwindigkeit werden integriert. In der langen *Wettkampfphase* müssen Sie zwischen wichtigen und unwichtigen Wettkämpfen unterscheiden. Es ist nicht möglich, jedes Wochenende eine persönliche Höchstleistung zu vollbringen. Der Organismus muß sich in regelmäßigen Abständen erholen. Nach einem Hauptwettkampf oder einer Phase mehrerer Wettkämpfe sollten Sie sich Zeit zur Regeneration nehmen. Viele Läufer nutzen von daher die Sommerferienzeit zur aktiven Erholung. So können Sie auch noch im Herbst erfolgreich an Volksläufen teilnehmen.

Plan A geht davon aus, daß Sie im Jahresdurchschnitt etwa **50 Kilometer in der Woche** laufen. Ein durchschnittlich talentierter Läufer mittleren Alters kann mit diesem

Trainingsaufwand eine 10-Kilometer-Zeit zwischen 37 und 45 Minuten erwarten, Frauen eine Zeit zwischen 42 und 50 Minuten. Mit Plan B trainieren Sie im Jahresdurchschnitt etwa **80 Kilometer in der Woche**, dadurch sind für Männer 10-km-Zeiten zwischen 34 und 42 Minuten, für Frauen zwischen 38 und 47 Minuten realistisch. Wenn Sie für das Laufen sehr begabt sind, können Sie durchaus Zeiten erreichen, die bis zu 2 Minuten unter den Angaben liegen.

Die Angabe konkreter Trainingseinheiten sollte Sie aber nicht davon abhalten, Änderungen oder Umstellungen vorzunehmen. Nur wenn es Ihnen gelingt, das Wochentrainingsprogramm auf Ihre persönlichen Voraussetzungen abzustimmen, werden Sie letztendlich erfolgreich sein. Sie können sich beispielsweise mit dem Wintertraining auf diverse Volksläufe im Frühjahr und Sommer vorbereiten und nach einer 2- bis 3wöchigen Erholungsphase in die Vorbereitung auf einen Marathon im Herbst einsteigen. Dazu schlagen Sie ab S. 86 die entsprechenden Pläne nach.

Allgemeine Vorbereitungsperiode

In den **ersten vier Wochen** werden Sie behutsam auf das regelmäßige Training eingestimmt. Die lockeren Einheiten im Laufen sollen die Voraussetzungen für nachfolgend umfangreichere Trainingsbelastungen schaffen. Besonders wichtig ist es, daß Sie von Beginn an mit der ‹richtigen› Intensität trainieren. Deshalb steht bereits am Ende der 2. Woche ein leistungsdiagnostischer Test zur Bestimmung der Trainingsbereiche. Je nach persönlicher Vorliebe können Sie wählen zwischen dem Hf_{max}-Test (Programm 19), dem Conconi-Test (Programm 20) und dem Feldstufentest (Programm 21). Möglicherweise werden Sie Veränderungen gegenüber den Testwerten aus der letzten Saison feststellen. Die Leistungsparameter können höher oder niedriger ausfallen, je nachdem, wie erschöpft Sie am Ende der letzten Saison waren bzw. wie ausgeruht und erholt Sie nun nach der Übergangsperiode sind. Aus der ermittelten Hf_{max} können Sie Ihre Trainingsherzfrequenzen für die verschiedenen Trainingsbereiche prozentual berechnen (Anhang, S. 151). Die allgemeinen Trainingsmittel wie Radfahren, In-line-Skating, Run & Bike u. a. haben das Ziel, Ihre Basisausdauer zu erhöhen, ohne das durch das Laufen stark beanspruchte Bewegungssystem weiter zu belasten. Sie können die in den Programmen vorgeschlagenen Trainingseinheiten aus anderen Sportarten nach Ihrer Vorliebe beliebig austauschen. Nachdem die Wochenumfänge bis zur 3. Woche gesteigert werden, sollen Sie sich in der 4. Woche erholen.

In den **Wochen 5 bis 8** werden die Umfänge weiter erhöht, ein Trainingstag kommt hinzu. Mit Programm 3 wird vermehrt der Fettstoffwechsel aktiviert und trainiert. Das Krafttraining an Geräten (KT_1) beginnt in der 5. Woche und wird als Kreis- bzw. Zirkeltraining organisiert. Es dient zur allgemeinen Muskelkräftigung und zur Gewöhnung an die Krafttrainingsgeräte. Die Bergläufe sind ein spezifisches Krafttraining für Ihre Beinmuskulatur. In der 7. und 8. Woche laufen Sie erstmals im GA-2-Bereich, beginnen also, sich an höhere Laufgeschwindigkeiten zu gewöhnen. Am Ende dieses Abschnittes sollten Sie mit dem gleichen Test wie in der 2. Woche Ihre Leistungsfähigkeit kontrollieren und gegebenenfalls die Trainingsintensitäten neu festlegen.

In der **9. bis 12. Woche** werden die Trainingseinheiten länger, und die Gesamtbela-

Wochenpläne B: Allgemeine Vorbereitungsperiode der Volksläufer (~ 45 Laufkilometer pro Woche)

Woche	Montag	Dienstag	Mittwoch	Donnerstag	Freitag	Samstag	Sonntag	Umfang*
1.		[2] ~50min Extensiver Dauerlauf Hf$_{max}$: 70–80% Lactat: <2mmol/l		[2] ~1h Extensiver Dauerlauf Hf$_{max}$: 70–80% Lactat: <2mmol/l		[5] ~45min Extensives Fahrtspiel Hf$_{max}$: 70–90% Lactat: <6mmol/l	[25] ~1:20h Extensive RF Hf$_{max}$: 70–75% Lactat: <2,5mmol/l	~30km ~3:30h
2.		[5] ~1h Extensives Fahrtspiel Hf$_{max}$: 70–90% Lactat: <6mmol/l		[2] ~1h Extensiver Dauerlauf Hf$_{max}$: 70–80% Lactat: <2mmol/l		[19] ~50min Hf$_{max}$-Test	[25] ~1:30h Extensive RF Hf$_{max}$: 70–75% Lactat: <2,5mmol/l	~35km ~4h
3.		[2] ~1h Extensiver Dauerlauf Hf$_{max}$: 70–80% Lactat: <2mmol/l		[5] ~1h Extensives Fahrtspiel Hf$_{max}$: 70–90% Lactat: <6mmol/l		[2] ~1h Extensiver Dauerlauf Hf$_{max}$: 70–80% Lactat: <2mmol/l	[23] ~1:30h Run & Bike Hf$_{max}$: <90% Lactat: <4mmol/l Hf$_{max}$: ~70%	~40km ~4:30h
4.		[2] ~40min Extensiver Dauerlauf Hf$_{max}$: 70–80% Lactat: <2mmol/l		[5] ~50min Extensives Fahrtspiel Hf$_{max}$: 70–90% Lactat: <6mmol/l		[2] ~1h Extensiver Dauerlauf Hf$_{max}$: 70–80% Lactat: <2mmol/l	[23] ~1:30h Run & Bike Hf$_{max}$: <90% Lactat: <4mmol/l Hf$_{max}$: ~70%	~35km ~4h
5.	[22a] Ergometertraining (KT)	[11] ~1h Berg-/Strandlauf Hf$_{max}$: 80–85% Lactat: <3mmol/l		[5] ~1h Extensives Fahrtspiel Hf$_{max}$: 70–90% Lactat: <6mmol/l		[2] ~1:20h Extensiver Dauerlauf Hf$_{max}$: 70–80% Lactat: <2mmol/l	[27] ~1:20h Skilanglauf In-line-Skating Hf$_{max}$: 70–80% Lactat: 2–3mmol/l	~45km ~6h

Woche	Montag	Dienstag	Mittwoch	Donnerstag	Freitag	Samstag	Sonntag	Umfang
6.	[22a] Ergometer-training (KT1)	[11] ~1:15h Berg-/Strandlauf, Hf_{max}: 80–85%, Lactat: <3mmol/l		[4] ~1h Intensiver Dauerlauf, Hf_{max}: 80–85%, Lactat: ~2,5mmol/l		[3] ~1:30h Fettstoff-wechsellauf, Hf_{max}: 65–70%, Lactat: <1,5mmol/l	[27] ~1:20h Skilanglauf In-line-Skating, Hf_{max}: 70–80%, Lactat: 2–3mmol/l	~50km ~6:30h
7.	[22a] Ergometer-training (KT1)	[11] ~1:15h Berg-/Strandlauf, Hf_{max}: 80–85%, Lactat: <3mmol/l		[17a] 3×2000 Crescendo, Hf_{max}: 80–95%, Lactat: 2,5 bis 6mmol/l		[3] ~1:30h Fettstoff-wechsellauf, Hf_{max}: 65–70%, Lactat: <1,5mmol/l	[27] ~1:30h Skilanglauf In-line-Skating, Hf_{max}: 70–80%, Lactat: 2–3mmol/l	~50km ~6:30h
8.	[22a] Ergometer-training (KT1)	[11] ~1h Berg-/Strandlauf, Hf_{max}: 80–85%, Lactat: <3mmol/l		[9a] 1-2-3-2-1 Pyramide, Hf_{max}: 85–90%, Lactat: <4mmol/l		[19] ~50min Hf_{max}-Text		~35km ~4h
9.	[1] ~40min REKOM-Lauf, Hf_{max}: 65–70%, Lactat: 1–2mmol/l (KT3)	[12a] 4×1min Bergläufe, Hf_{max}: 90–95%, Lactat: <7mmol/l		[6] ~45min Intensives Fahrtspiel, Hf_{max}: 70–100%, Lactat: >6mmol/l		[3] ~1:30h Fettstoff-wechsellauf, Hf_{max}: 65–70%, Lactat: <1,5mmol/l	[27] ~1:30h Skilanglauf In-line-Skating, Hf_{max}: 70–80%, Lactat: 2–3mmol/l	~50km ~6:30h
10.	[1] ~40min REKOM-Lauf, Hf_{max}: 65–70%, Lactat: 1–2mmol/l (KT3)	[12a] 6×1min Bergläufe, Hf_{max}: 90–95%, Lactat: <7mmol/l		[6] ~45min Intensives Fahrtspiel, Hf_{max}: 70–100%, Lactat: >6mmol/l		[2] ~1h Extensiver Dauerlauf, Hf_{max}: 70–80%, Lactat: <2mmol/l	Aufbau-Wettkampf	~50km ~5:30h

Woche	Montag	Dienstag	Mittwoch	Donnerstag	Freitag	Samstag	Sonntag	Umfang
11.	[1] ~40min REKOM-Lauf Hf_{max}: 65–70% Lactat: 1–2mmol/l (KT₃)	12a) 4x2min Bergläufe Hf_{max}: 90–95% Lactat: <7mmol/l		17a) 3x2000m Crescendo Hf_{max}: 80–95% Lactat: 2,5 bis 6mmol/l		5) ~50min Extensives Fahrtspiel Hf_{max}: 70–90% Lactat: <6mmol/l	[3] ~1:30h Fettstoff-wechsellauf Hf_{max}: 65–70% Lactat: 1,5mmol/l	~60km ~6h
12.	[30a] Aqua-Jogging	[2] ~50min Extensiver Dauerlauf Hf_{max}: 70–80% Lactat: <2mmol/l		10a) 4x1000m (extensiv) Hf_{max}: 95–97% Lactat: <6mmol/l		[1] ~40min REKOM-Lauf Hf_{max}: 65–70% Lactat: 1–2mmol/l	18a) 3km auf Zeit oder WK	~40km ~4h

Wochenpläne C: Allgemeine Vorbereitungsperiode der Volksläufer (~75 Laufkilometer pro Woche)

Woche	Montag	Dienstag	Mittwoch	Donnerstag	Freitag	Samstag	Sonntag	Umfang
1.		[2] ~50min Extensiver Dauerlauf — Hf_{max}: 70–80% — Lactat: <2 mmol/l	[2] ~1h Extensiver Dauerlauf — Hf_{max}: 70–80% — Lactat: <2 mmol/l	[5] ~1h Extensives Fahrtspiel — Hf_{max}: 70–90% — Lactat: <6 mmol/l		[2] ~1:20h Extensiver Dauerlauf — Hf_{max}: 70–80% — Lactat: <2 mmol/l	[25] ~1:20h Extensive RF — Hf_{max}: 70–75% — Lactat: <2,5 mmol/l	~60 km / ~6 h
2.	[2] ~40min Extensiver Dauerlauf — Hf_{max}: 70–80% — Lactat: <2 mmol/l	[5] ~1h Extensives Fahrtspiel — Hf_{max}: 70–90% — Lactat: <6 mmol/l	[2] ~1h Extensiver Dauerlauf — Hf_{max}: 70–80% — Lactat: <2 mmol/l	[2] ~1:15h Extensiver Dauerlauf — Hf_{max}: 70–80% — Lactat: <2 mmol/l		[21] ~1:20h Feldstufentest	[25] ~1:30h Extensive RF — Hf_{max}: 70–75% — Lactat: <2,5 mmol/l	~70 km / ~7 h
3.	[2] ~1h Extensiver Dauerlauf — Hf_{max}: 70–80% — Lactat: <2 mmol/l	[4] ~45min Intensiver Dauerlauf — Hf_{max}: 80–85% — Lactat: ~2,5 mmol/l	[2] ~1:10h Extensiver Dauerlauf — Hf_{max}: 70–80% — Lactat: <2 mmol/l	[5] ~1h Extensives Fahrtspiel — Hf_{max}: 70–90% — Lactat: <6 mmol/l		[2] ~1:20h Extensiver Dauerlauf — Hf_{max}: 70–80% — Lactat: <2 mmol/l	[23] ~1:30h Run & Bike — Hf_{max}: <90% — Lactat: <4 mmol/l — Hf_{max}: ~70%	~70 km / ~7 h
4.	[2] ~1h Extensiver Dauerlauf — Hf_{max}: 70–80% — Lactat: <2 mmol/l	[30a] ~30min Aqua-Jogging	[2] ~1:10h Extensiver Dauerlauf — Hf_{max}: 70–80% — Lactat: <2 mmol/l	[5] ~1h Extensives Fahrtspiel — Hf_{max}: 70–90% — Lactat: <6 mmol/l		[2] ~1:20h Extensiver Dauerlauf — Hf_{max}: 70–80% — Lactat: <2 mmol/l	[23] ~1:30h Run & Bike — Hf_{max}: <90% — Lactat: <4 mmol/l — Hf_{max}: ~70%	~60 km / ~6 h
5.	[1] ~40min REKOM-Lauf — Hf_{max}: 65–70% — Lactat: 1–2 mmol/l (KT)	[11] ~1h Berg-/Strandlauf — Hf_{max}: 80–85% — Lactat: <3 mmol/l	[2] ~1:20h Extensiver Dauerlauf — Hf_{max}: 70–80% — Lactat: <2 mmol/l	[5] ~1:10h Extensives Fahrtspiel — Hf_{max}: 70–90% — Lactat: <6 mmol/l		[3] ~1:45h Fettstoff-wechsellauf — Hf_{max}: 65–70% — Lactat: <1,5 mmol/l	[27] ~1:30h Skilanglauf In-line-Skating — Hf_{max}: 70–80% — Lactat: 2–3 mmol/l	~80 km / ~8:30 h

Woche	Montag	Dienstag	Mittwoch	Donnerstag	Freitag	Samstag	Sonntag	Umfang
6.	[1] ~40min REKOM-Lauf Hf_max: 65–70% Lactat: 1–2mmol/l (KT1)	<11> ~1:15h Berg-/Strandlauf Hf_max: 80–85% Lactat: <3mmol/l	[2] ~1:30h Extensiver Dauerlauf Hf_max: 70–80% Lactat: <2mmol/l	[4] ~1h Intensiver Dauerlauf Hf_max: 80–85% Lactat: ~2,5mmol/l		[3] ~1:50h Fettstoff-wechsellauf Hf_max: 65–70% Lactat: <1,5mmol/l	[27] ~2h Skilanglauf In-line-Skating Hf_max: 70–80% Lactat: 2–3mmol/l	~85km ~9:30h
7.	[1] ~40min REKOM-Lauf Hf_max: 65–70% Lactat: 1–2mmol/l (KT1)	<11> ~1:15h Berg-/Strandlauf Hf_max: 80–85% Lactat: <3mmol/l	[2] ~1:30h Extensiver Dauerlauf Hf_max: 70–80% Lactat: <2mmol/l	<17b> 3×3000m Crescendo Hf_max: 80–95% Lactat: 2,5–6mmol/l		[3] ~1:50h Fettstoff-wechsellauf Hf_max: 65–70% Lactat: <1,5mmol/l	[27] ~2:20h Skilanglauf In-line-Skating Hf_max: 70–80% Lactat: 2–3mmol/l	~85km ~10h
8.	[22a] Ergometertraining (KT1)	<11> ~1h Berg-/Strandlauf Hf_max: 80–85% Lactat: <3mmol/l	[2] ~1:10h Extensiver Dauerlauf Hf_max: 70–80% Lactat: <2mmol/l	<9a> 1-2-3-2-1 Pyramide Hf_max: 85–90% Lactat: <6mmol/l		☆21 ~1:20h Feldstufentest	[27] ~2h Skilanglauf In-line-Skating Hf_max: 70–80% Lactat: 2–3mmol/l	~60km ~8h
9.	[1] ~40min REKOM-Lauf Hf_max: 65–70% Lactat: 1–2mmol/l (KT3)	<12a> 6×1min Bergläufe Hf_max: 90–95% Lactat: <7mmol/l	[2] ~1:30h Extensiver Dauerlauf Hf_max: 70–80% Lactat: <2mmol/l	▽6 ~1h Intensives Fahrtspiel Hf_max: 70–100% Lactat: >6mmol/l		[3] ~2h Fettstoff-wechsellauf Hf_max: 65–70% Lactat: <1,5mmol/l	[27] ~2:30h Skilanglauf In-line-Skating Hf_max: 70–80% Lactat: 2–3mmol/l	~85km ~9:30h
10.	[1] ~40min REKOM-Lauf Hf_max: 65–70% Lactat: 1–2mmol/l (KT3)	<12a> 6×2min Bergläufe Hf_max: 90–95% Lactat: <7mmol/l	[2] ~1:45h Extensiver Dauerlauf Hf_max: 70–80% Lactat: <2mmol/l	▽6 ~1h Intensives Fahrtspiel Hf_max: 70–100% Lactat: >6mmol/l		[2] ~1h Extensiver Dauerlauf Hf_max: 70–80% Lactat: <2mmol/l	Aufbau-Wettkampf	~90km ~8h

Woche	Montag	Dienstag	Mittwoch	Donnerstag	Freitag	Samstag	Sonntag	Umfang
11.	⟨1⟩ ~40min REKOM-Lauf Hf_{max}: 65–70% Lactat: 1–2mmol/l (KT₃)	⟨12b⟩ 10×30sec Treppenläufe	⟨2⟩ ~1:30h Extensiver Dauerlauf Hf_{max}: 70–80% Lactat: <2mmol/l	⟨17b⟩ 3×3000 Crescendo Hf_{max}: 80–95% Lactat: ~2,5–6mmol/l		⟨5⟩ ~1:15h Extensives Fahrtspiel Hf_{max}: 70–90% Lactat: <6mmol/l	⟨3⟩ ~1:45h Fettstoff-wechsellauf Hf_{max}: 65–70% Lactat: <1,5mmol/l	~100km ~8:30h
12.	⟨22a⟩ Ergometer-training (KT₃)	⟨12b⟩ 10×60sec Treppenläufe	⟨2⟩ ~1h Extensiver Dauerlauf Hf_{max}: 70–80% Lactat: <2mmol/l	⟨10a⟩ 4×1000m (extensiv) Hf_{max}: 95–97% Lactat: <6mmol/l		⟨1⟩ ~40min REKOM-Lauf Hf_{max}: 65–70% Lactat: 1–2mmol/l	⟨8b⟩ 5km auf Zeit oder WK	~60km ~6h

stung wird weiter erhöht. Das Krafttraining an Geräten zielt neben einer Rumpfkräftigung auf die Erhöhung Ihrer Maximalkraftfähigkeit (KT_3). Mit dieser Trainingsform soll primär das maximale Kraftniveau in der Beinmuskulatur erhöht werden. Die Maximalkraft ist eine leistungsbestimmende Komponente aller anderen Kraftfähigkeiten, insbesondere der Kraftausdauer. Um die erhöhten Kraftfähigkeiten in die Laufleistung einbringen zu können, müssen Sie die Muskulatur in der Folge vermehrt auf Kraftausdauer trainieren. Dazu werden Treppen- und Bergläufe vorgeschlagen. Mit den Vorbereitungswettkämpfen in der 10. und 12. Woche erhalten Sie eine erste Rückmeldung über den aktuellen Stand Ihrer Leistungsfähigkeit. Die Wettkämpfe werden ohne spezielle Vorbereitung aus dem Training heraus bestritten und haben eher den Charakter eines intensiven Trainings unter Wettkampfbedingungen.

Spezielle Vorbereitungsperiode

Das Ziel der speziellen Vorbereitungsperiode ist die Weiterentwicklung der Grundlagenausdauer sowie die Schaffung spezieller Voraussetzungen für die Wettkampfsaison. In der 6wöchigen Periode kommen Tempo- und Tempodauerläufe hinzu. Sie erhöhen die Gesamtbeanspruchung Ihres Trainings durch intensivere Trainingseinheiten. So können Sie Ihre Laufkoordination verbessern und gewöhnen sich an ein schnelleres Lauftempo. Weiterhin sichern Sie Ihre erworbene aerobe Grundlagenausdauer durch Trainingseinheiten im GA-1-Bereich und durch die langen Fettstoffwechselläufe am Sonntag. Für das Fettstoffwechseltraining können Sie alternativ auch lange Radfahrten durchführen, wodurch Sie den von den intensiven Läufen stark beanspruchten Bewegungsapparat entlasten. In der ersten Woche empfehlen wir Ihnen mit dem Leistungstest die nochmalige Kontrolle Ihrer Trainingsbereiche, damit Sie die Intensitäten Ihres Trainings auch weiterhin so exakt steuern können wie bisher. Sie können nun anhand der Vergleichswerte aus den Tests der allgemeinen Vorbereitungsperiode Ihre Leistung analysieren und vergleichen. Damit aber ein Vergleich zulässig ist, sollten am Testtag möglichst ähnliche äußere Bedingungen vorliegen. Extreme Temperaturschwankungen, ungewöhnlich hohe Luftfeuchtigkeit oder unterschiedliche Bodenverhältnisse nehmen Einfluß auf das Testergebnis. Noch stärker wird die Leistung jedoch von Ihrer Tagesform beeinflußt. Deswegen sollte das Training am Tag vor dem Test im regenerativen Bereich liegen. Mit den Tests oder Wettkämpfen in der 3. und 6. Woche haben Sie die Möglichkeit, Ihren Leistungsstand zu überprüfen und sich psychisch und emotional auf die Wettkampfperiode einzustellen.

Wettkampfperiode

Es ist praktisch unmöglich, über den gesamten Zeitraum der Wettkampfperiode die Leistungsfähigkeit auf gleichbleibend hohem Niveau zu halten. Es ist also notwendig, daß Sie sich auf wenige Hauptwettkämpfe konzentrieren.

Für die Wettkampfperiode stellen wir exemplarisch 10 Wochen dar. Am Ende der 2. Woche haben wir einen ersten wichtigen Wettkampf geplant. Dieser wird mit hochintensiven 200- und 300-m-Läufen vorbereitet. Wie Sie das Training während einer Phase mit wöchentlich aufeinanderfolgenden Wettkämpfen gestalten können, wird in

Wochenpläne A: Spezielle Vorbereitungsperiode der Volksläufer (~ 60 Laufkilometer pro Woche)

Woche	Montag	Dienstag	Mittwoch	Donnerstag	Freitag	Samstag	Sonntag	Umfang
1.	[1] ~40min REKOM-Lauf, Hf_{max}: 65–70%, Lactat: 1–2mmol/l (KT2)	[3f] REKOM-Schwimmen	[2] ~1h Extensiver Dauerlauf, Hf_{max}: 70–80%, Lactat: <2mmol/l		[1] ~45min REKOM-Lauf, Hf_{max}: 65–70%, Lactat: 1–2mmol/l	[19☆] ~50min Hf_{max}-Text	[3] ~1:30h Fettstoff-wechsellauf, Hf_{max}: 65–70%, Lactat: <1,5mmol/l	~60km ~6:30h
2.	[1] ~40min REKOM-Lauf, Hf_{max}: 65–70%, Lactat: 1–2mmol/l (KT2)	(14a) 4×300m (intensiv) mit 100m Gehpause	[2] ~45min Extensiver Dauerlauf, Hf_{max}: 70–80%, Lactat: <2mmol/l	(8a) 2×2000m Tempo-dauerläufe, Hf_{max}: 85–90%, Lactat: <4mmol/l		[6] ~45min Intensives Fahrtspiel, Hf_{max}: 70–100%, Lactat: >6mmol/l	[3] ~1:30h Fettstoff-wechsellauf, Hf_{max}: 65–70%, Lactat: <1,5mmol/l	~65km ~7h
3.	(KT2) [30a] Aqua-Jogging	[2] ~45min Extensiver Dauerlauf, Hf_{max}: 70–80%, Lactat: <2mmol/l	(10a) 6×1000m (extensiv), Hf_{max}: 95–97%, Lactat: <6mmol/l			[1] ~40min REKOM-Lauf, Hf_{max}: 65–70%, Lactat: 1–2mmol/l	(18a) 3km auf Zeit oder WK	~45km ~5h
4.	[3f] REKOM-Schwimmen	[2] ~45min Extensiver Dauerlauf, Hf_{max}: 70–80%, Lactat: <2mmol/l	[5] ~1h Extensives Fahrtspiel, Hf_{max}: 70–90%, Lactat: <6mmol/l		[2] ~1:15h Extensiver Dauerlauf, Hf_{max}: 70–80%, Lactat: <2mmol/l	[6] ~50min Intensives Fahrtspiel, Hf_{max}: 70–100%, Lactat: >6mmol/l	[3] ~1:40h Fettstoff-wechsellauf, Hf_{max}: 65–70%, Lactat: <1,5mmol/l	~70km ~6h
5.	[3f] REKOM-Schwimmen	(14a) 6×300m (intensiv) mit 100m Gehpause	[7] ~45min Tempo-dauerlauf, Hf_{max}: 85–90%, Lactat: <4mmol/l		[2] ~1:10h Extensiver Dauerlauf, Hf_{max}: 70–80%, Lactat: <2mmol/l	[6] ~55min Intensives Fahrtspiel, Hf_{max}: 70–100%, Lactat: >6mmol/l	[3] ~1:45h Fettstoff-wechsellauf, Hf_{max}: 65–70%, Lactat: <1,5mmol/l	~70km ~6h
6.	[3f] REKOM-Schwimmen	(10a) 6×1000m (extensive), Hf_{max}: 95–97%, Lactat: <6mmol/l	[2] ~1h Extensiver Dauerlauf, Hf_{max}: 70–80%, Lactat: <2mmol/l		[1] ~40min REKOM-Lauf, Hf_{max}: 65–70%, Lactat: 1–2mmol/l	(18a) ~50min 3km auf Zeit oder WK	[3] ~1:30h Fettstoff-wechsellauf, Hf_{max}: 65–70%, Lactat: <1,5mmol/l	~55km ~6h

Wochenpläne C: Spezielle Vorbereitungsperiode der Volksläufer (~95 Laufkilometer pro Woche)

Woche	Montag	Dienstag	Mittwoch	Donnerstag	Freitag	Samstag	Sonntag	Umfang
1.	1 ~40min REKOM-Lauf Hf$_{max}$: 65–70% Lactat: 1–2mmol/l (KT2)	31 REKOM-Schwimmen	5 ~1:15h Extensives Fahrtspiel Hf$_{max}$: 70–90% Lactat: <6mmol/l		2 ~1:20h Extensiver Dauerlauf Hf$_{max}$: 70–80% Lactat: <2mmol/l	21 ~1:20h Feldstufentest	3 ~2h Fettstoff-wechsellauf Hf$_{max}$: 65–70% Lactat: <1,5mmol/l	~90km ~8h
2.	1 ~40min REKOM-Lauf Hf$_{max}$: 65–70% Lactat: 1–2mmol/l	14b 8×300m (intensiv) mit 100m Gehpause	2 ~50min Extensiver Dauerlauf Hf$_{max}$: 70–80% Lactat: <2mmol/l	8b 2×3000m Tempo-dauerläufe Hf$_{max}$: 85–90% Lactat: <4mmol/l	2 ~1:20h Extensiver Dauerlauf Hf$_{max}$: 70–80% Lactat: <2mmol/l	6 ~1h Intensives Fahrtspiel Hf$_{max}$: 70–100% Lactat: >6mmol/l	3 ~2h Fettstoff-wechsellauf Hf$_{max}$: 65–70% Lactat: <1,5mmol/l	~100km ~9h
3.	1 ~40min REKOM-Lauf Hf$_{max}$: 65–70% Lactat: 1–2mmol/l (KT2)	2 ~1h Extensiver Dauerlauf Hf$_{max}$: 70–80% Lactat: <2mmol/l	10b 8×1000m (extensiv) Hf$_{max}$: 93–95% Lactat: <6mmol/l		2 ~1h Extensiver Dauerlauf Hf$_{max}$: 70–80% Lactat: <2mmol/l	11 ~40min REKOM-Lauf Hf$_{max}$: 65–70% Lactat: 1–2mmol/l	18b 5km auf Zeit oder WK	~70km ~6:30h
4.	31 REKOM-Schwimmen	2 ~1:15h Extensiver Dauerlauf Hf$_{max}$: 70–80% Lactat: <2mmol/l	5 ~1h Extensives Fahrtspiel Hf$_{max}$: 70–90% Lactat: <6mmol/l	17b 3×3000m Crescendo Hf$_{max}$: 80–95% Lactat: 2,5 bis 6mmol/l	2 ~1h Extensiver Dauerlauf Hf$_{max}$: 70–80% Lactat: <2mmol/l	6 ~1:15h Intensives Fahrtspiel Hf$_{max}$: 70–100% Lactat: >6mmol/l	3 ~2:20h Fettstoff-wechsellauf Hf$_{max}$: 65–70% Lactat: <1,5mmol/l	~105km ~8:30h
5.	31 REKOM-Schwimmen	14b 10×300m (intensiv) mit 100m Gehpause	7 ~1h Tempo-dauerlauf Hf$_{max}$: 85–90% Lactat: <4mmol/l	2 ~1:15h Extensiver Dauerlauf Hf$_{max}$: 70–80% Lactat: <2mmol/l	5 ~1:15h Extensives Fahrtspiel Hf$_{max}$: 70–90% Lactat: <6mmol/l	9b 3-6-12-6-3 min Pyramide Hf$_{max}$: 85–90% Lactat: <4mmol/l	3 ~2:20h Fettstoff-wechsellauf Hf$_{max}$: 65–70% Lactat: <1,5mmol/l	~105km ~8:30h
6.	31 REKOM-Schwimmen	10b 10×1000m (extensiv) Hf$_{max}$: 93–95% Lactat: <6mmol/l	2 ~1:10h Extensiver Dauerlauf Hf$_{max}$: 70–80% Lactat: <2mmol/l		2 ~1h Extensiver Dauerlauf Hf$_{max}$: 70–80% Lactat: <2mmol/l	21 ~1:20h Feldstufentest	3 ~2:20h Fettstoff-wechsellauf Hf$_{max}$: 65–70% Lactat: <1,5mmol/l	~95km ~7:30h

Wochenpläne B: Wettkampfperiode der Volksläufer (~ 55 Laufkilometer pro Woche)

Woche	Montag	Dienstag	Mittwoch	Donnerstag	Freitag	Samstag	Sonntag	Umfang
1.		[2] ~1h Extensiver Dauerlauf / Hf_{max}: 70–80% / Lactat: <2mmol/l	(13b) 6x1000m (intensiv) / V_{max}: 103–106% / Lactat: >6mmol/l		[5] ~1h Extensives Fahrtspiel / Hf_{max}: 70–90% / Lactat: <6mmol/l	(14a) 6x300m (intensiv) / mit 100m Gehpause	[2] ~1:20h Extensiver Dauerlauf / Hf_{max}: 70–80% / Lactat: <2mmol/l	~65km / ~5:30h
2.		[2] ~1h Extensiver Dauerlauf / Hf_{max}: 70–80% / Lactat: <2mmol/l	(13a) 4x1000m (intensiv) / V_{max}: 103–106% / Lactat: >6mmol/l		[1] ~40min REKOM-Lauf / Hf_{max}: 65–70% / Lactat: 1–2mmol/l	[1] ~30min REKOM-Lauf / Hf_{max}: 65–70% / Lactat: 1–2mmol/l	WK	~50km / ~4:30h
3.	[3] REKOM-Schwimmen	[2] ~1:15h Extensiver Dauerlauf / Hf_{max}: 70–80% / Lactat: <2mmol/l	[5] ~1h Extensives Fahrtspiel / Hf_{max}: 70–90% / Lactat: <6mmol/l		[7] ~50min Tempodauerlauf / Hf_{max}: 85–90% / Lactat: <4mmol/l	[2] ~1h Extensiver Dauerlauf / Hf_{max}: 70–80% / Lactat: <2mmol/l	[2] ~1:15h Extensiver Dauerlauf / Hf_{max}: 70–80% / Lactat: <2mmol/l	~65km / ~6h
4.		(14a) 4x300m (intensiv) / mit 100m Gehpause	[5] ~45min Extensives Fahrtspiel / Hf_{max}: 70–90% / Lactat: <6mmol/l		[1] ~40min REKOM-Lauf / Hf_{max}: 65–70% / Lactat: 1–2mmol/l	[1] ~30min REKOM-Lauf / Hf_{max}: 65–70% / Lactat: 1–2mmol/l	WK	~45km / ~4h
5.	[3] REKOM-Schwimmen	(15a) 5x200m (intensiv) / mit 600m Trabpause	[5] ~45min Extensives Fahrtspiel / Hf_{max}: 70–90% / Lactat: <6mmol/l		[1] ~40min REKOM-Lauf / Hf_{max}: 65–70% / Lactat: 1–2mmol/l	[1] ~30min REKOM-Lauf / Hf_{max}: 65–70% / Lactat: 1–2mmol/l	WK	~45km / ~4:30h

Woche	Montag	Dienstag	Mittwoch	Donnerstag	Freitag	Samstag	Sonntag	Umfang
6.	[3] REKOM-Schwimmen	[2] ~1h Extensiver Dauerlauf Hf_{max}: 70–80 % Lactat: <2 mmol/l	[5] ~45 min Extensives Fahrtspiel Hf_{max}: 70–90 % Lactat: <6 mmol/l		[1] ~40 min REKOM-Lauf Hf_{max}: 65–70 % Lactat: 1–2 mmol/l	[1] ~30 min REKOM-Lauf Hf_{max}: 65–70 % Lactat: 1–2 mmol/l	WK	~45 km ~4:30 h
7.	[3] REKOM-Schwimmen	[25] ~2h Extensive RF Hf_{max}: 70–75 % Lactat: <2,5 mmol/l	[2] ~1h Extensiver Dauerlauf Hf_{max}: 70–80 % Lactat: <2 mmol/l		[26] ~1h Rad-Fahrtspiel Hf_{max}: 75–90 % Lactat: <6 mmol/l	[5] ~1h Extensives Fahrtspiel Hf_{max}: 70–90 % Lactat: <6 mmol/l	[3] ~1:30h Fettstoffwechsellauf Hf_{max}: 65–70 % Lactat: <1,5 mmol/l	~45 km ~7 h
8.	[2] ~1h Extensiver Dauerlauf Hf_{max}: 70–80 % Lactat: <2 mmol/l	[25] ~2:30h Extensive RF Hf_{max}: 70–75 % Lactat: <2,5 mmol/l	(14b) 8 x 300m (intensiv) mit 100m Gehpause		[2] ~1h Extensiver Dauerlauf Hf_{max}: 70–80 % Lactat: <2 mmol/l	[5] ~1h Extensives Fahrtspiel Hf_{max}: 70–90 % Lactat: <6 mmol/l	[3] ~1:30h Fettstoffwechsellauf Hf_{max}: 65–70 % Lactat: <1,5 mmol/l	~70 km ~8:30 h
9.	[1] ~45 min REKOM-Lauf Hf_{max}: 65–70 % Lactat: 1–2 mmol/l	(13b) 6 x 1000m (intensiv) V_{max}: 103–106 % Lactat: >6 mmol/l	[5] ~45 min Extensives Fahrtspiel Hf_{max}: 70–90 % Lactat: <6 mmol/l		[2] ~1h Extensiver Dauerlauf Hf_{max}: 70–80 % Lactat: <2 mmol/l	[6] ~1h Intensives Fahrtspiel Hf_{max}: 70–100 % Lactat: >6 mmol/l	[2] ~1:20h Extensiver Dauerlauf Hf_{max}: 70–80 % Lactat: <2 mmol/l	~65 km ~6 h
10.		[5] ~45 min Extensives Fahrtspiel Hf_{max}: 70–90 % Lactat: <6 mmol/l	(15a) 6 x 200m (intensiv) mit 600m Trabpause		[1] ~40 min REKOM-Lauf Hf_{max}: 65–70 % Lactat: 1–2 mmol/l	[1] ~30 min REKOM-Lauf Hf_{max}: 65–70 % Lactat: 1–2 mmol/l	WK	~45 km ~4 h

Wochenpläne C: Wettkampfperiode der Volksläufer (~75 Laufkilometer pro Woche)

Woche	Montag	Dienstag	Mittwoch	Donnerstag	Freitag	Samstag	Sonntag	Umfang
1.	[6] ~45min Intensives Fahrtspiel Hf_{max}: 70–100% Lactat: >6mmol/l	[2] ~1h Extensiver Dauerlauf Hf_{max}: 70–80% Lactat: ~2mmol/l	(13b) 8×1000m (intensiv) V_{max}: 103–106% Lactat: >6mmol/l		[5] ~1h Extensives Fahrtspiel Hf_{max}: 70–90% Lactat: <6mmol/l	(14b) 10×300m (intensiv) mit 100m Gehpause	[2] ~1:30min Extensiver Dauerlauf Hf_{max}: 70–80% Lactat: <2mmol/l	~90km ~7h
2.	[4] ~45min Intensiver Dauerlauf Hf_{max}: 80–85% Lactat: ~2,5mmol/l	[2] ~1:10h Extensiver Dauerlauf Hf_{max}: 70–80% Lactat: <2mmol/l	(13a) 4×1000m (intensiv) V_{max}: 103–106% Lactat: >6mmol/l		[1] ~40min REKOM-Lauf Hf_{max}: 65–70% Lactat: 1–2mmol/l	[1] ~30min REKOM-Lauf Hf_{max}: 65–70% Lactat: 1–2mmol/l	WK	~75km ~5:30h
3.	[31] REKOM-Schwimmen	[2] ~1:10h Extensiver Dauerlauf Hf_{max}: 70–80% Lactat: <2mmol/l	[5] ~1:15h Extensives Fahrtspiel Hf_{max}: 70–90% Lactat: <6mmol/l	[2] ~45min Extensiver Dauerlauf Hf_{max}: 70–80% Lactat: <2mmol/l	[7] ~50min Tempo-dauerlauf Hf_{max}: 85–90% Lactat: <4mmol/l	[2] ~1:20h Extensiver Dauerlauf Hf_{max}: 70–80% Lactat: <2mmol/l	[2] ~1:30h Extensiver Dauerlauf Hf_{max}: 70–80% Lactat: <2mmol/l	~90km ~7:30h
4.	[4] ~50min Intensiver Dauerlauf Hf_{max}: 80–85% Lactat: ~2,5mmol/l	(14b) 8×300m (intensiv) mit 100m Gehpause	[5] ~45min Extensives Fahrtspiel Hf_{max}: 70–90% Lactat: <6mmol/l		[1] ~40min REKOM-Lauf Hf_{max}: 65–70% Lactat: 1–2mmol/l	[1] ~30min REKOM-Lauf Hf_{max}: 65–70% Lactat: 1–2mmol/l	WK	~65km ~5h
5.	[31] REKOM-Schwimmen	(15b) 8×200m (intensiv) mit 600m Trabpause	[5] ~45min Extensives Fahrtspiel Hf_{max}: 70–90% Lactat: <6mmol/l		[1] ~40min REKOM-Lauf Hf_{max}: 65–70% Lactat: 1–2mmol/l	[1] ~30min REKOM-Lauf Hf_{max}: 65–70% Lactat: 1–2mmol/l	WK	~55km ~4:30h

Woche	Montag	Dienstag	Mittwoch	Donnerstag	Freitag	Samstag	Sonntag	Umfang
6.	[31] REKOM-Schwimmen	[2] ~50min Extensiver Dauerlauf Hf_{max}: 70–80% Lactat: <2mmol/l	[5] ~45min Extensives Fahrtspiel Hf_{max}: 70–90% Lactat: <6mmol/l		[1] ~40min REKOM-Lauf Hf_{max}: 65–70% Lactat: 1–2mmol/l	[1] ~30min REKOM-Lauf Hf_{max}: 65–70% Lactat: 1–2mmol/l	WK	~55km ~4:30h
7.	[31] REKOM-Schwimmen	[25] ~2h Extensive RF Hf_{max}: 70–75% Lactat: <2,5mmol/l	[2] ~1h Extensiver Dauerlauf Hf_{max}: 70–80% Lactat: <2mmol/l		[26] ~1:30h Rad-Fahrtspiel Hf_{max}: 75–90% Lactat: <6mmol/l	[5] ~1:30h Extensives Fahrtspiel Hf_{max}: 70–90% Lactat: <6mmol/l	[3] ~2h Fettstoffwechsellauf Hf_{max}: 65–70% Lactat: <1,5mmol/l	~60km ~8:30h
8.	[2] ~45min Extensiver Dauerlauf Hf_{max}: 70–80% Lactat: <2mmol/l	[25] ~2:30h Extensive RF Hf_{max}: 70–75% Lactat: <2,5mmol/l	(14c) 15x300m (intensiv) mit 100m Gehpause	[2] ~1:15h Extensiver Dauerlauf Hf_{max}: 70–80% Lactat: <2mmol/l	(8b) 3x3000m Tempodauerläufe Hf_{max}: 85–90% Lactat: <4mmol/l	[5] ~1:30h Extensives Fahrtspiel Hf_{max}: 70–90% Lactat: <6mmol/l	[3] ~2:20h Fettstoffwechsellauf Hf_{max}: 65–70% Lactat: <1,5mmol/l	~105km ~10:30h
9.	[1] ~40min REKOM-Lauf Hf_{max}: 65–70% Lactat: 1–2mmol/l	(13b) 8x1000m (intensiv) V_{max}: 103–106% Lactat: >6mmol/l	[5] ~1h Extensives Fahrtspiel Hf_{max}: 70–90% Lactat: <6mmol/l		[2] ~1h Extensiver Dauerlauf Hf_{max}: 70–80% Lactat: <2mmol/l	(16b) 3x3000m Wettkampf-tempoläufe V_{max}: 97–102%	[2] ~1:20h Extensiver Dauerlauf Hf_{max}: 70–80% Lactat: <2mmol/l	~80km ~6h
10.	[2] ~45min Extensiver Dauerlauf Hf_{max}: 70–80% Lactat: <2mmol/l	[5] ~45min Extensives Fahrtspiel Hf_{max}: 70–90% Lactat: <6mmol/l	(15b) 8x200m (intensiv) mit 600m Trabpause		[1] ~40min REKOM-Lauf Hf_{max}: 65–70% Lactat: 1–2mmol/l	[1] ~30min REKOM-Lauf Hf_{max}: 65–70% Lactat: 1–2mmol/l	WK	~60km ~5h

Erholungswochen für Volksläufer (Wochenpläne B und C)

Woche	Montag	Dienstag	Mittwoch	Donnerstag	Freitag	Samstag	Sonntag	Umfang
1.	[31] REKOM-Schwimmen		[25] ~1h Extensive RF Hf_{max}: <70% Lactat: <2,5 mmol/l		[1] ~40min REKOM-Lauf Hf_{max}: 65–70% Lactat: 1–2 mmol/l	[27] ~1h Skilanglauf In-line-Skating Hf_{max}: 70–80% Lactat: 2–3 mmol/l		~10km ~3h
2.	[30a] Aqua-Jogging		[2] ~50min Extensiver Dauerlauf Hf_{max}: 70–80% Lactat: <2 mmol/l			[26] ~1h Rad-Fahrtspiel Hf_{max}: 75–90% Lactat: <6 mmol/l	[25] ~2h Extensive RF Hf_{max}: 70–75% Lactat: <2,5 mmol/l	~15km ~5h
3.	[30a] Aqua-Jogging		[5] ~50min Extensives Fahrtspiel Hf_{max}: 70–90% Lactat: <6 mmol/l		[2] ~1h Extensiver Dauerlauf Hf_{max}: 70–80% Lactat: <2 mmol/l	[27] ~1h Skilanglauf In-line-Skating Hf_{max}: 70–80% Lactat: 2–3 mmol/l	[25] ~2h Extensive RF Hf_{max}: 70–75% Lactat: <2,5 mmol/l	~20km ~5:30h

den Wochen 4 bis 6 dargestellt. Diese Phase ist besonders kritisch, da die Stabilität Ihrer Leistungsfähigkeit auf dem Spiel steht. Die intensiven Wettkampfbelastungen können sich negativ auf das Niveau Ihrer Grundlagenausdauer auswirken, was in der Folge zur Instabilität der Leistung führen kann – insbesonders dann, wenn Sie in der Phase zwischen den Wettkämpfen Ihren Körper noch mit zusätzlichen Trainingseinheiten im hochintensiven Bereich beanspruchen. Leistungsinstabilität bedeutet, daß Sie eher zufällig eine gute Form bei einem bestimmten Wettkampf haben. Nach einem Wettkampfblock ist eine Wettkampfpause von 2 bis 3 Wochen sinnvoll, um die physische und mentale Ermüdung zu kompensieren. Trainingseinheiten im extensiven Bereich haben Priorität. Wie in den **Wochen 7 und 8** aufgezeigt, sind allgemeine Trainingsmittel wie extensive Radfahrten und / oder In-line-Skating das Mittel der Wahl. Ihr Organismus kann sich von der Hauptbeanspruchungsform des Laufens regenerieren, gleichzeitig aber die Leistungsfähigkeit auf einem hohen Niveau halten. In jedem Fall ist es günstig, die Regeneration durch zusätzliche Maßnahmen zu unterstützen (s. S. 146). Die Wochen 9 und 10 zeigen die Vorbereitung auf den Hauptwettkampf. Besondere Beachtung sollten Sie der Regenerationsphase nach dem Wettkampf widmen.

Das Training für den Marathonläufer

Der Marathon ist für das Gros der Voläufer noch immer die besondere Herausforderung. Er setzt für Laufanfänger ein mindestens zweijähriges Training voraus. Es ist ein außergewöhnliches Erlebnis, mit vielen Läuferinnen und Läufern einen großen Stadtmarathon zu bestreiten. Allein beim 100. Boston-Marathon gingen 38 000 Läufer und Läuferinnen auf die Strecke. Trotz dieser großen Menschenmasse, die sich wie ein Bandwurm durch die Straßen ziehen, kämpft jeder Läufer mit sich selbst um das Erreichen seiner persönlichen Ziele. Eine Wettkampfteilnahme wird langfristig geplant und setzt ein regelmäßiges Training voraus. In welcher Zeit Sie einen Marathon laufen, ist in hohem Maße vom absolvierten Trainingsumfang, Ihrem Trainingsalter und Ihrem Talent abhängig. Wir stellen drei unterschiedlich umfangreiche Trainingspläne vor.

Plan A mit durchschnittlich 60 km pro Woche richtet sich an Marathoneinsteiger und an die Vielzahl der Läufer, die wegen anderen Verpflichtungen nicht mehr Zeit für das Training aufbringen wollen und können. Für Männer und Frauen ist eine Zeit zwischen 3:30 und 4:30 Stunden realistisch. Plan B mit einem durchschnittlichen Wochenumfang von 90 Laufkilometern richtet sich an ambitionierte Marathonläufer, die Zeiten unter 3 Stunden, und Marathonläuferinnen, die Zeiten unter 3:30 Stunden anstreben. Den dritten Plan mit einem durchschnittlichen Jahreswochenumfang von etwa 130 km haben wir für Marathonleistungsläufer entwickelt. Männer können Zeiten unter 2:30 Stunden, Frauen unter 2:50 Stunden erreichen. Sind Sie für den Langstreckenlauf besonders talentiert, können Sie mit diesem Training noch bessere Zeiten erzielen. Die Frage, wie schnell ein Marathon gelaufen werden kann, beschäftigt wohl jeden Läufer vor dem Rennen. Manfred Steffny (1991) hat dazu eine Formel entwickelt, mit der Sie die mögliche Marathonzeit anhand Ihrer aktuellen 10-km-Bestzeit prognostizieren können. Die Formel lautet: 10 km in 30 Minuten entsprechen einer Marathonzeit von 2:20 h. Jeweils plus/minus eine Minute über 10 km ergibt auf dem Marathon plus/minus 5 Minuten. Demnach könnte ein Läufer mit einer Bestzeit von 40 Minuten über 10 Kilometer den Marathon in etwa 3:10 Stunden laufen.

Nach welchem Plan Sie trainieren, ist abhängig vom angestrebten Trainingsumfang und den Laufkilometern im vorausgegangenen Jahr. Eine mehr als 50prozentige Umfangserhöhung wäre nicht sinnvoll. Daraus könnte eine Überforderung resultieren. Wer sich oft überfordert, riskiert einen Übertrainingszustand, der stets Ausdruck eines Mißverhältnisses zwischen Training und Erholung, zwischen Gesamtbelastung und individueller Belastbarkeit bzw. zwischen Streß und Streßtoleranz ist. Im Zustand des Übertrainings ist Ihre Leistungsfähigkeit herabgesetzt. Ignorieren Sie den anfänglichen Übertrainingszustand, oder versuchen Sie gar dieses Leistungstief durch vermehrtes intensives Training zu überwinden, setzen Sie sich der Gefahr eines **langfristigen Übertrainings** aus. Symptome und Erscheinungsformen wie Schlafstörungen, chronische Tages- und Trainingsmüdigkeit, depressive Verstimmungen, eine erhöhte oder stark erniedrigte Herzfrequenz in Ruhe und ein geschwächtes Immunsystem mit erhöhter Infektneigung können die Folge sein (s. S. 31). Am sichersten vermeiden Sie ein Übertraining, wenn Sie sich an den ausgearbeiteten Trainingsplänen, in die wir all unsere langjährigen Erfahrungen mit Leistungs- und Hochleistungssportlern eingebracht haben, orientieren und sie auf Ihre persönliche Situation abstimmen. Außerdem ist auf eine gesunde, ausgewogene kohlenhydratbetonte Ernährung sowie auf Regenerationsmaßnahmen (s. S. 146) und ausreichenden Schlaf zu achten. Psychische Belastungen im familiären oder im beruflichen Bereich begünstigen ein Übertraining. Schweben Sie dagegen psychisch auf ‹Wolke sieben›, können Ihnen auch ungewöhnliche Belastungen so schnell nichts anhaben.

Periodisierung im Jahresverlauf

Die Periodisierung des Jahrestrainings orientiert sich am Marathon-Wettkampfkalender. Während Volksläufe zu jeder Jahreszeit angeboten werden, stehen Marathonläufe vor allem im Frühjahr und im Herbst auf dem Programm. Wer mehrmals im Jahr an einem Marathon teilnehmen möchte, kommt um eine sogenannte **Doppelperiodisierung** nicht herum. Nur wenn dem Organismus Erholungsphasen angeboten werden, bevor er mit neuen Trainingsreizen konfrontiert wird, kommt es zur Leistungssteigerung. Deshalb unterteilen wir das Trainingsjahr des Marathonläufers in zwei Makrozyklen mit jeweils vier Perioden:

I. Makrozyklus: Wettkampfhöhepunkt im Frühjahr
1. die allgemeine Vorbereitungsperiode
2. die spezielle Vorbereitungsperiode
3. die Wettkampfperiode
4. die Übergangsperiode
II. Makrozyklus: Wettkampfhöhepunkt im Herbst
1. die allgemeine Vorbereitungsperiode

1. Höhepunkt (HH) · 2. Höhepunkt (B)

Monat	Okt.	Nov.	Dez.	Jan.	Feb.	März	April	Mai	Juni	Juli	August	Sept.
Periode	ÜP	allgemeine Vorbereitungsperiode I		spezielle VP I		Wettkampfperiode I		ÜP	allgemeine VP II	spezielle VP II	WK II	
Wochenanzahl	3	12		8		7		3	6	6	7	
Woche	43 44	45 46 47 48 49 50 51 52	1 2 3 4 5	6 7 8 9 10 11 12	13	14 15 16 17 18 19	20 (HH)	21 22 23 24	25 26 27 28 29 30	31 32 33 34	35 36 37 38	39 40 41 42 (B)
Schwerpunkte	R E K O M	Allgemeine Athletik und Grundlagenausdauer — GA 1		Spezifische Ausdauer allgemeine Athletik — GA 1/2 GA 2 REKOM		Wettkampfspezifische Ausdauer — WSA GA 1		R E K O M	Allg. Athletik und Grundlagenausdauer — GA 1	Spezifische Ausdauer — GA 1/2 GA 2	Wettkampfspezifische Ausdauer — WSA GA 1 REKOM	
Ziel	Erhöhung der allgemeinen Leistungsgrundlagen → Erhöhung der spezifischen Leistungsvoraussetzungen → Ausprägung der Wettkampfleistung							Stabilisierung der Leistungsfähigkeit → Ausprägung der Wettkampfleistung				

2. die spezielle Vorbereitungsperiode
3. die Wettkampfperiode
4. die Übergangsperiode

Der Grundaufbau des Jahrestrainings wird in der Abbildung auf S. 88 modellhaft dargestellt. Nach der Übergangsperiode im Herbst, in der Sie sich gut von den Belastungen des letzten Marathons erholt haben, beginnt die 12- bis 16wöchige allgemeine Vorbereitungsperiode. Der Schwerpunkt liegt auf der Entwicklung einer hohen Grundlagenausdauer und allgemeiner Kraftfähigkeiten. In der folgenden 6wöchigen speziellen Vorbereitung werden die Leistungsvoraussetzungen mit intensiveren Trainingseinheiten im Entwicklungsbereich (GA 2) weiter erhöht. Daran schließt sich die Wettkampfperiode über etwa 4 bis 7 Wochen an. Da Sie Ihre Leistungsfähigkeit über das ganze Jahr nicht auf hohem Niveau halten können, sollten Sie nach dem Hauptwettkampf eine drei- bis vierwöchige Erholungs- und Regenerationsphase einlegen, in der Sie nicht an Volksläufen teilnehmen und nur in niedriger Intensität trainieren. Positive Wirkungen auf die Wiederherstellung der Leistungsfähigkeit haben vor allem allgemeine Trainingsmittel wie In-line-Skating, Schwimmen oder Laufen. Wenn Sie einen weiteren Marathon im Herbst planen, müssen Sie die einzelnen Perioden der Vorbereitung in verkürzter Form nochmals durchlaufen.

Zyklische Gestaltung des Trainings

Die zyklische Gestaltung des Trainings hat großen Einfluß auf Ihre Leistungsfähigkeit. Ein Trainingszyklus beschreibt unterschiedlich lange Belastungsphasen und kann 2 bis 3 Tage, eine Woche (Mikrozyklus), 3 bis 4 Wochen (Mesozyklus) oder mehrere Monate (Makrozyklus) umfassen. Nach jeder Belastungsphase folgt eine Entlastungsphase, die Ihrem Organismus hinreichend Zeit für die Verarbeitung der Trainingsreize geben soll. Überforderungen treten bei Anwendung der Zyklusmethode selten auf.

Abbildungserklärungen

REKOM: Regenerations- und Kompensationstraining (s. Trainingseinheit 1, s. Programme 1, 24, 30, 31)

GA 1: Grundlagenausdauertraining 1 (s. Trainingseinheiten 2 bis 4, s. Programme 2, 3, 4, 25, 27, 28)

GA 2: Grundlagenausdauertraining 2 im Entwicklungsbereich (s. Trainingseinheiten 5 bis 10, s. Programme 5 bis 10, 23, 26, 29)

WSA: Training im wettkampfspezifischen Ausdauerbereich (s. Trainingseinheiten 13 bis 16, s. Programme 13 bis 16)

KA: Kraftausdauertraining (s. Trainingseinheiten 11 und 12, s. Programme 11 und 12)

KT: Krafttraining an Geräten (s. Programme KT 1–3, Seiten 143 und 144)

ÜP: Übergangsperiode

Jahresplanung im Marathonlauf mit zwei Wettkampfhöhepunkten

Allgemeine Vorbereitungsperiode

Die allgemeine Vorbereitungsperiode für den Frühjahrshöhepunkt beginnt nach der Übergangsperiode im November und dauert 12 Wochen. Ziel ist es, allgemeine Voraussetzungen für den Marathon zu schaffen. In den ersten Wochen sollen Sie sich nach der erholsamen Übergangsperiode wieder an die regelmäßigen Trainingsbelastungen gewöhnen. Es kommen allgemeine Trainingsmittel wie In-line-Skating, Skilanglauf, Radfahren und das Krafttraining an Geräten zur Anwendung. Das Krafttraining wurde an den Wochenanfang gelegt, um das aerobe Ausdauertraining am Wochenende nicht negativ zu beeinflussen. Das Krafttraining beginnt mit einem Kreistraining zur Gewöhnung an Geräte und Übungen. Nach drei Wochen wechselt die Methode, mit einem Stationstraining entwickeln Sie gezielt die Kraftausdauerfähigkeiten. Die Beinkraftausdauer kann aber auch hervorragend mit Berg- und Treppenläufen, wie in der 7. und 8. Woche exemplarisch aufgezeigt, trainiert werden. Stellen Sie fest, daß Ihre maximale Kraftausdauer sehr gering ist, können Sie diese mit einem gezielten Muskelaufbautraining (Krafttrainingsprogramm 3, s. S. 144) wie in den Wochen 9 bis 12 vorgesehen, erhöhen. Das Ziel aller Maßnahmen ist die Entwicklung einer hohen allgemeinen Grundlagen- und Kraftausdauerfähigkeit. In der 2. und 8. Woche können Sie mit einem Feldstufentest (Programm 21) sehr differenziert Ihre aktuelle Leistungsfähigkeit im Laufen bestimmen und die Trainingsintensitäten festlegen (s. S. 151). Sie können aber auch die Trainingsbereiche über den Conconi-Test (Programm 20) oder Hf_{max}-Test (Programm 19) ermitteln. Unabhängig davon, nach welchem Test Sie Ihre Trainingsintensitäten festlegen, empfehlen wir Ihnen, zur besseren Übersicht die entsprechenden persönlichen Herzfrequenz- und Lactatwerte in die dafür vorgesehenen Freiräume der Trainingsprogramme einzutragen. Mit diversen Volksläufen können Sie Ihren aktuellen Leistungsstand unter Wettkampfbedingungen kontrollieren. Messen Sie die Laufzeit, die Herzfrequenz und die Lactatkonzentration, damit Sie für folgende Tests Vergleichswerte haben.

Spezielle Vorbereitungsperiode

Das Ziel der speziellen Vorbereitungsperiode ist die Entwicklung besonderer Leistungsgrundlagen. Das Training in anderen Sportarten wird reduziert, und der Belastungsumfang im Laufen nimmt zu. Wie in der allgemeinen Vorbereitungsperiode wird nach zwei bis drei Trainingswochen eine Regenerationswoche eingelegt. Eine erneute Bestimmung Ihrer maximalen Herzfrequenz bzw. Ihrer individuellen aerob-anaeroben Schwelle ist nötig, um weiterhin in der richtigen Belastungsintensität zu trainieren. Auf der Basis einer stabilen Grundlagenausdauerfähigkeit nehmen die intensiveren Trainingseinheiten zu. Am Wochenende stehen weiterhin die langen, den Fettstoffwechsel beanspruchenden Trainingseinheiten auf dem Plan. Die Marathonkontrolläufe in den Wochen 2 und 6 führen Sie an die geplante Wettkampfgeschwindigkeit heran. Der Wettkampf in der 4. Woche bringt die nötige Wettkampfhärte.

Wochenpläne D: Allgemeine Vorbereitungsperiode der Marathonläufer (~55 Laufkilometer pro Woche)

Woche	Montag	Dienstag	Mittwoch	Donnerstag	Freitag	Samstag	Sonntag	Umfang
1.		(KT₁) 30a Aqua-Jogging	2 ~1h Extensiver Dauerlauf, Hf_{max}: 70–80%, Lactat: <2mmol/l		2 ~1:15h Extensiver Dauerlauf, Hf_{max}: 70–80%, Lactat: <2mmol/l	5 ~1h Extensives Fahrtspiel, Hf_{max}: 70–90%, Lactat: <6mmol/l	23 ~1:30h Run & Bike, Hf_{max}: <90%, Lactat: <4mmol/l, Hf_{max}: ~70%	~40km, ~6h
2.		1 ~40min REKOM-Lauf, Hf_{max}: 65–70%, Lactat: 1–2mmol/l (KT₁)	5 ~1h Extensives Fahrtspiel, Hf_{max}: 70–90%, Lactat: <6mmol/l		2 ~1:20h Extensiver Dauerlauf, Hf_{max}: 70–80%, Lactat: <2mmol/l	19 Hf_{max}-Text	23 ~2h Run & Bike (siehe So. 1. Woche)	~50km, ~7h
3.		1 ~40min REKOM-Lauf, Hf_{max}: 65–70%, Lactat: 1–2mmol/l (KT₁)	4 ~45min Intensiver Dauerlauf, Hf_{max}: 80–85%, Lactat: ~2,5mmol/l		11 ~1h Berg-/Strandlauf, Hf_{max}: 80–85%, Lactat: <3mmol/l	3 ~1:30h Fettstoffwechsellauf, Hf_{max}: 65–70%, Lactat: <1,5mmol/l	23 ~2h Run & Bike (siehe So. 1. Woche)	~50km, ~7h
4.		(KT₂) 30a Aqua-Jogging	2 ~45min Extensiver Dauerlauf, Hf_{max}: 70–80%, Lactat: <2mmol/l		5 ~45min Extensives Fahrtspiel, Hf_{max}: 70–90%, Lactat: <6mmol/l	3 ~1:30h Fettstoffwechsellauf, Hf_{max}: 65–70%, Lactat: <1,5mmol/l	23 ~2h Run & Bike (siehe So. 1. Woche)	~40km, ~6:30h
5.		1 ~40min REKOM-Lauf, Hf_{max}: 65–70%, Lactat: 1–2mmol/l (KT₂)	5 ~45min Extensives Fahrtspiel, Hf_{max}: 70–90%, Lactat: <6mmol/l	2 ~1:20h Extensiver Dauerlauf, Hf_{max}: 70–80%, Lactat: <2mmol/l	2 ~45min Extensiver Dauerlauf, Hf_{max}: 70–80%, Lactat: <2mmol/l	11 ~40min REKOM-Lauf, Hf_{max}: 65–70%, Lactat: 1–2mmol/l	WK 10/20km Volkslauf	~50km, ~6h
6.		1 ~40min REKOM-Lauf, Hf_{max}: 65–70%, Lactat: 1–2mmol/l (KT₂)	4 ~1h Intensiver Dauerlauf, Hf_{max}: 80–85%, Lactat: ~2,5mmol/l	2 ~1:20h Extensiver Dauerlauf, Hf_{max}: 70–80%, Lactat: <2mmol/l	11 ~1h Berg-/Strandlauf, Hf_{max}: 80–85%, Lactat: <3mmol/l	3 ~1:45h Fettstoffwechsellauf, Hf_{max}: 65–70%, Lactat: <1,5mmol/l	25 ~2h Extensive RF, Hf_{max}: 70–75%, Lactat: <2,5mmol/l	~60km, ~8h

Woche	Montag	Dienstag	Mittwoch	Donnerstag	Freitag	Samstag	Sonntag	Umfang
7.	[2] ~1:20h Extensiver Dauerlauf, Hf_{max}: 70–80%, Lactat: <2mmol/l	[4] ~1h Intensiver Dauerlauf, Hf_{max}: 80–85%, Lactat: ~2,5mmol/l	[7] ~40min Tempodauerlauf, Hf_{max}: 85–90%, Lactat: <4mmol/l		[11] ~1h Berg-/Strandlauf, Hf_{max}: 80–85%, Lactat: <3mmol/l	[3] ~1:45h Fettstoffwechsellauf, Hf_{max}: 65–70%, Lactat: <1,5mmol/l	[25] ~2h Extensive RF, Hf_{max}: 70–75%, Lactat: <2,5mmol/l	~60km / ~8h
8.		[11] ~1h Berg-/Strandlauf, Hf_{max}: 80–85%, Lactat: <3mmol/l	[9a] 1-2-3-2-1min Pyramide, Hf_{max}: 85–90%, Lactat: <4mmol/l		[2] ~1h Extensiver Dauerlauf, Hf_{max}: 70–80%, Lactat: <2mmol/l	[19] ☆ Hf_{max}-Text	[25] ~2h Extensive RF, Hf_{max}: 70–75%, Lactat: <2,5mmol/l	~40km / ~6h
9.	[2] ~1:20h Extensiver Dauerlauf, Hf_{max}: 70–80%, Lactat: <2mmol/l	(KT₃) REKOM-Schwimmen	[10a] 6x1000m (extensiv), Hf_{max}: 95–97%, Lactat: <6mmol/l		[3] ~1:30h Fettstoffwechsellauf, Hf_{max}: 65–70%, Lactat: <1,5mmol/l	[1] ~40min REKOM-Lauf, Hf_{max}: 65–70%, Lactat: 1–2mmol/l	WK 10/20km Volkslauf	~60km / ~7:30h
10.	[2] ~1:20h Extensiver Dauerlauf, Hf_{max}: 70–80%, Lactat: <2mmol/l	[1] ~40min REKOM-Lauf, Hf_{max}: 65–70%, Lactat: 1–2mmol/l (KT₃)	[17a] 3x2000m Crescendo, Hf_{max}: 80–95%, Lactat: 2,5 bis 6mmol/l		[4] ~1h Intensiver Dauerlauf, Hf_{max}: 80–85%, Lactat: ~2,5mmol/l	[3] ~1:45h Fettstoffwechsellauf, Hf_{max}: 65–70%, Lactat: <1,5mmol/l	[23] ~2:30h Run & Bike (siehe So. 1. Woche)	~70km / ~9h
11.	[2] ~1:30h Extensiver Dauerlauf, Hf_{max}: 70–80%, Lactat: <2mmol/l	[1] ~40min REKOM-Lauf, Hf_{max}: 65–70%, Lactat: 1–2mmol/l (KT₃)	[12a] 4x2min Bergläufe, Hf_{max}: 90–95%, Lactat: <7mmol/l		[4] ~1:20h Intensiver Dauerlauf, Hf_{max}: 80–85%, Lactat: ~2,5mmol/l	[17b] 3x3000m Crescendo, Hf_{max}: 80–95%, Lactat: ~2,5 bis 6mmol/l	[3] ~2h Fettstoffwechsellauf, Hf_{max}: 65–70%, Lactat: <1,5mmol/l	~80km / ~9h
12.		(KT₃) REKOM-Schwimmen	[10b] 8x1000m (extensiv), Hf_{max}: 93–95%, Lactat: <6mmol/l		[3] ~1:30h Fettstoffwechsellauf, Hf_{max}: 65–70%, Lactat: <1,5mmol/l	[1] ~40min REKOM-Lauf, Hf_{max}: 65–70%, Lactat: 1–2mmol/l	WK 10/20km Volkslauf	~40km / ~5:30h

Wochenpläne E: Allgemeine Vorbereitungsperiode der Marathonläufer (~ 80 Laufkilometer pro Woche)

Woche	Montag	Dienstag	Mittwoch	Donnerstag	Freitag	Samstag	Sonntag	Umfang
1.	[2] ~50 min Extensiver Dauerlauf Hf$_{max}$: 70–80 % Lactat: <2 mmol/l				[2] ~1 h Extensiver Dauerlauf Hf$_{max}$: 70–80 % Lactat: <2 mmol/l	[20] Conconi-Test	[23] ~1:30 h Run & Bike Hf$_{max}$: <90 % Lactat: <4 mmol/l Hf$_{max}$: ~70 %	~50 km ~5 h
2.	[11] ~40 min REKOM-Lauf Hf$_{max}$: 65–70 % Lactat: 1–2 mmol/l (KT$_2$)	[4] ~40 min Intensiver Dauerlauf Hf$_{max}$: 80–85 % Lactat: ~2,5 mmol/l	[2] ~1:15 h Extensiver Dauerlauf Hf$_{max}$: 70–80 % Lactat: <2 mmol/l		[5] ~1 h Extensives Fahrtspiel Hf$_{max}$: 70–90 % Lactat: <6 mmol/l	[23] ~2 h Run & Bike (siehe So. 1. Woche)	[3] ~1:30 h Fettstoffwechsellauf Hf$_{max}$: 65–70 % Lactat: <1,5 mmol/l	~60 km ~8 h
3.	[11] ~40 min REKOM-Lauf Hf$_{max}$: 65–70 % Lactat: 1–2 mmol/l (KT$_2$)	[4] ~1 h Intensiver Dauerlauf Hf$_{max}$: 80–85 % Lactat: ~2,5 mmol/l	[2] ~1:20 h Extensiver Dauerlauf Hf$_{max}$: 70–80 % Lactat: <2 mmol/l		[5] ~1 h Extensives Fahrtspiel Hf$_{max}$: 70–90 % Lactat: <6 mmol/l	[23] ~2:30 h Run & Bike (siehe So. 1. Woche)	[3] ~1:30 h Fettstoffwechsellauf Hf$_{max}$: 65–70 % Lactat: <1,5 mmol/l	~70 km ~9 h
4.	[11] ~40 min REKOM-Lauf Hf$_{max}$: 65–70 % Lactat: 1–2 mmol/l (KT$_2$)	[4] ~1 h Intensiver Dauerlauf Hf$_{max}$: 80–85 % Lactat: ~2,5 mmol/l	[25] ~2 h Extensive RF Hf$_{max}$: 70–75 % Lactat: <2,5 mmol/l		[11] ~1 h Berg-/Strandlauf Hf$_{max}$: 80–85 % Lactat: <3 mmol/l	[23] ~2 h Run & Bike (siehe So. 1. Woche)	[3] ~1:30 h Fettstoffwechsellauf Hf$_{max}$: 65–70 % Lactat: <1,5 mmol/l	~50 km ~9 h
5.	[11] ~40 min REKOM-Lauf Hf$_{max}$: 65–70 % Lactat: 1–2 mmol/l (KT$_2$)	[7] ~40 min Tempodauerlauf Hf$_{max}$: 85–90 % Lactat: <4 mmol/l	[2] ~1:30 h Extensiver Dauerlauf Hf$_{max}$: 70–80 % Lactat: <2 mmol/l		[3] ~1:45 h Fettstoffwechsellauf Hf$_{max}$: 65–70 % Lactat: <1,5 mmol/l	[11] ~40 min REKOM-Lauf Hf$_{max}$: 65–70 % Lactat: 1–2 mmol/l	WK 10/20 km Volkslauf	~70 km ~7 h

Woche	Montag	Dienstag	Mittwoch	Donnerstag	Freitag	Samstag	Sonntag	Umfang
6.	31 REKOM-Schwimmen	2 ~1h Extensiver Dauerlauf Hf_{max}: 70–80% Lactat: <2mmol/l	2 ~1:30h Extensiver Dauerlauf Hf_{max}: 70–80% Lactat: <2mmol/l	5 ~1h Extensives Fahrtspiel Hf_{max}: 70–90% Lactat: <6mmol/l	11 ~1:15h Berg-/Strandlauf Hf_{max}: 80–85% Lactat: <3mmol/l	23 ~2:30h Run & Bike Hf_{max}: <90% Lactat: <4mmol/l Hf_{max}: ~70%	3 ~2h Fettstoffwechsellauf Hf_{max}: 65–70% Lactat: <1,5mmol/l	~90km ~9:30h
7.	1 ~40min REKOM-Lauf Hf_{max}: 65–70% Lactat: 1–2mmol/l (KT$_2$)	10a 5×1000m (extensiv) Hf_{max}: 95–97% Lactat: <6mmol/l	3 ~1:30h Fettstoffwechsellauf Hf_{max}: 65–70% Lactat: 1,5mmol/l	5 ~1h Extensives Fahrtspiel Hf_{max}: 70–90% Lactat: <6mmol/l	11 ~1:20h Berg-/Strandlauf Hf_{max}: 80–85% Lactat: <3mmol/l	23 ~2:30h Run & Bike Hf_{max}: <90% Lactat: <4mmol/l Hf_{max}: ~70%	3 ~2h Fettstoffwechsellauf Hf_{max}: 65–70% Lactat: <1,5mmol/l	~100km ~11h
8.	24 ~1h REKOM-RF Hf_{max}: <70% Lactat: 1–2mmol/l (KT$_2$)	4 ~1h Intensiver Dauerlauf Hf_{max}: 80–85% Lactat: ~2,5mmol/l	2 ~1h Extensiver Dauerlauf Hf_{max}: 70–80% Lactat: <2mmol/l		2 ~50min Extensiver Dauerlauf Hf_{max}: 70–80% Lactat: <2mmol/l	20 Conconi-Test	3 ~2h Fettstoffwechsellauf Hf_{max}: 65–70% Lactat: <1,5mmol/l	~70km ~8h
9.	1 ~40min REKOM-Lauf Hf_{max}: 65–70% Lactat: 1–2mmol/l (KT$_3$)	12a 4×2min Bergläufe Hf_{max}: 90–95% Lactat: <7mmol/l	2 ~1:30h Extensiver Dauerlauf Hf_{max}: 70–80% Lactat: <2mmol/l	5 ~1:20h Extensives Fahrtspiel Hf_{max}: 70–90% Lactat: <6mmol/l	3 ~1:45h Fettstoffwechsellauf Hf_{max}: 65–70% Lactat: <1,5mmol/l	1 ~40min REKOM-Lauf Hf_{max}: 65–70% Lactat: 1–2mmol/l	WK 10/20km Volkslauf	~100km ~9h

Woche	Montag	Dienstag	Mittwoch	Donnerstag	Freitag	Samstag	Sonntag	Umfang
10.	[3P] REKOM-Schwimmen	[2] ~50min Extensiver Dauerlauf Hf_max: 70–80% Lactat: <2mmol/l	[2] ~1h Extensiver Dauerlauf Hf_max: 70–80% Lactat: <2mmol/l	[2] ~1h Extensiver Dauerlauf Hf_max: 70–80% Lactat: <2mmol/l [5] ~1:20h Extensives Fahrtspiel Hf_max: 70–90% Lactat: <6mmol/l	[3] ~1:45h Fettstoffwechsellauf Hf_max: 65–70% Lactat: <1,5mmol/l	[4] ~1:20h Intensiver Dauerlauf Hf_max: 80–85% Lactat: ~2,5mmol/l	[3] ~2h Fettstoffwechsellauf Hf_max: 65–70% Lactat: <1,5mmol/l	~110km ~9:30h
11.	[1] ~40min REKOM-Lauf Hf_max: 65–70% Lactat: 1–2mmol/l (KT3)	[2] ~1h Extensiver Dauerlauf Hf_max: 70–80% Lactat: <2mmol/l	[2] ~1h Extensiver Dauerlauf Hf_max: 70–80% Lactat: <2mmol/l [7] ~50min Tempodauerlauf Hf_max: 85–90% Lactat: <4mmol/l	[11] ~1h Berg-/Strandlauf Hf_max: 80–85% Lactat: <3mmol/l	[3] ~1:45h Fettstoffwechsellauf Hf_max: 65–70% Lactat: <1,5mmol/l	[4] ~1:20h Intensiver Dauerlauf Hf_max: 80–85% Lactat: ~2,5mmol/l	[3] ~2:20h Fettstoffwechsellauf Hf_max: 65–70% Lactat: <1,5mmol/l	~120km ~11h
12.	[1] ~40min REKOM-Lauf Hf_max: 65–70% Lactat: 1–2mmol/l (KT3)	[7] ~40min Tempodauerlauf Hf_max: 85–90% Lactat: <4mmol/l	[2] ~1:20h Extensiver Dauerlauf Hf_max: 70–80% Lactat: <2mmol/l		[3] ~1:30h Fettstoffwechsellauf Hf_max: 65–70% Lactat: <1,5mmol/l	[1] ~40min REKOM-Lauf Hf_max: 65–70% Lactat: 1–2mmol/l	WK 10/20km Volkslauf	~70km ~7h

Wochenpläne F: Allgemeine Vorbereitungsperiode der Marathonläufer (~ 100 Laufkilometer pro Woche)

Woche	Montag	Dienstag	Mittwoch	Donnerstag	Freitag	Samstag	Sonntag	Umfang
1.	[2] ~1:10h Extensiver Dauerlauf Hf$_{max}$: 70–80 % Lactat: <2 mmol/l	[5] ~1h Extensives Fahrtspiel Hf$_{max}$: 70–90 % Lactat: <6 mmol/l	(KT1) Aqua-Jogging [30a]		[1] ~45min REKOM-Lauf Hf$_{max}$: 65–70 % Lactat: 1–2 mmol/l	[21] 6×2000 m Feldstufentest	[23] ~1:30h Run & Bike Hf$_{max}$: <90 % Lactat: <4 mmol/l Hf$_{max}$: ~70 %	~70 km ~8 h
2.	[1] ~40min REKOM-Lauf Hf$_{max}$: 65–70 % Lactat: 1–2 mmol/l (KT1)	[4] ~45min Intensiver Dauerlauf Hf$_{max}$: 80–85 % Lactat: ~2,5 mmol/l	(KT1) Aqua-Jogging [30a]	[5] ~1h Extensives Fahrtspiel Hf$_{max}$: 70–90 % Lactat: <6 mmol/l	[11] ~45min Berg-/Strandlauf Hf$_{max}$: 80–85 % Lactat: <3 mmol/l	[2] ~1:30h Extensiver Dauerlauf Hf$_{max}$: 70–80 % Lactat: <2 mmol/l	[23] ~2 h Run & Bike (siehe So. 1. Woche)	~80 km ~9:30 h
3.	[1] ~40min REKOM-Lauf Hf$_{max}$: 65–70 % Lactat: 1–2 mmol/l (KT1)	[4] ~1h Intensiver Dauerlauf Hf$_{max}$: 80–85 % Lactat: ~2,5 mmol/l	(KT1) Aqua-Jogging [30a]	[2] ~1:30h Extensiver Dauerlauf Hf$_{max}$: 70–80 % Lactat: <2 mmol/l	[11] ~1h Berg-/Strandlauf Hf$_{max}$: 80–85 % Lactat: <3 mmol/l	[3] ~1:45h Fettstoffwechsellauf Hf$_{max}$: 65–70 % Lactat: <1,5 mmol/l	[23] ~2:30h Run & Bike (siehe So. 1. Woche)	~100 km ~11:15 h
4.	[1] ~40min REKOM-Lauf Hf$_{max}$: 65–70 % Lactat: 1–2 mmol/l (KT2)	[4] ~45min Intensiver Dauerlauf Hf$_{max}$: 80–85 % Lactat: ~2,5 mmol/l	[2] ~1:10h Extensiver Dauerlauf Hf$_{max}$: 70–80 % Lactat: <2 mmol/l		[3] ~1:30h Fettstoffwechsellauf Hf$_{max}$: 65–70 % Lactat: <1,5 mmol/l	[1] ~40min REKOM-Lauf Hf$_{max}$: 65–70 % Lactat: 1–2 mmol/l	WK 10/20 km Volkslauf	~70 km ~6:30 h
5.	[24] ~1h REKOM-RF Hf$_{max}$: <70 % Lactat: 1–2 mmol/l (KT2)	[2] ~1:15h Extensiver Dauerlauf Hf$_{max}$: 70–80 % Lactat: <2 mmol/l	(KT2) 4×5min Aqua-Jogging [30b]	[6] ~50min Intensives Fahrtspiel Hf$_{max}$: 70–100 % Lactat: >6 mmol/l	[11] ~1h Berg-/Strandlauf Hf$_{max}$: 80–85 % Lactat: <3 mmol/l	[3] ~2:20h Fettstoffwechsellauf Hf$_{max}$: 65–70 % Lactat: <1,5 mmol/l	[23] ~2:30h Run & Bike (siehe So. 1. Woche)	~90 km ~11 h

Woche	Montag	Dienstag	Mittwoch	Donnerstag	Freitag	Samstag	Sonntag	Umfang
6.	⑪ ~40min REKOM-Lauf Hf_max: 65–70% Lactat: 1–2mmol/l (KT₂)	④ ~1:30h Intensiver Dauerlauf Hf_max: 80–85% Lactat: ~2,5mmol/l	(KT₂) 30b 4x5min Aqua-Jogging	② ~1:15h Extensiver Dauerlauf Hf_max: 70–75% Lactat: <1,8mmol/l ⑤ ~1:30h Extensives Fahrtspiel Hf_max: 70–90% Lactat: <6mmol/l	⑪ ~1h Berg-/Strandlauf Hf_max: 80–85% Lactat: <3mmol/l	③ ~2:20h Fettstoffwechsellauf Hf_max: 65–70% Lactat: <1,5mmol/l	㉕ ~3h Extensive RF Hf_max: 70–75% Lactat: <2,5mmol/l	~110km ~12h
7.	⑪ ~40min REKOM-Lauf Hf_max: 65–70% Lactat: 1–2mmol/l (KT₂)	② ~1:15h Extensiver Dauerlauf Hf_max: 70–80% Lactat: <2mmol/l 9b 3-6-12-6-3 Pyramide Hf_max: 85–90% Lactat: <4mmol/l	⑪ ~40min REKOM-Lauf Hf_max: 65–70% Lactat: 1–2mmol/l	② ~1:15h Extensiver Dauerlauf Hf_max: 70–80% Lactat: <2mmol/l ⑪ ~1h Berg-/Strandlauf Hf_max: 80–85% Lactat: <3mmol/l	⑪ ~40min REKOM-Lauf Hf_max: 65–70% Lactat: 1–2mmol/l	⭐21 6x2000m Feldstufentest	③ ~2:15h Fettstoffwechsellauf Hf_max: 65–70% Lactat: <1,5mmol/l	~130km ~12h
8.	⑪ ~40min REKOM-Lauf Hf_max: 65–70% Lactat: 1–2mmol/l (KT₂)	② ~1:30h Extensiver Dauerlauf Hf_max: 70–80% Lactat: <2mmol/l	40b 8x1000m (extensiv) Hf_max: 93–95% Lactat: <6mmol/l		③ ~1:30h Fettstoffwechsellauf Hf_max: 65–70% Lactat: <1,5mmol/l	⑪ ~40min REKOM-Lauf Hf_max: 65–70% Lactat: 1–2mmol/l	WK 10/20km Volkslauf	~80km ~7:30h
9.	㉔ ~1h REKOM-RF Hf_max: <70% Lactat: 1–2mmol/l (KT₃)	② ~1:15h Extensiver Dauerlauf Hf_max: 70–80% Lactat: <2mmol/l	(KT₃) 31 REKOM-Schwimmen	② ~1:15h Extensiver Dauerlauf Hf_max: 70–80% Lactat: <2mmol/l ⑥ ~1h Intensives Fahrtspiel Hf_max: 70–100% Lactat: >6mmol/l	③ ~1:45h Fettstoffwechsellauf Hf_max: 65–70% Lactat: <1,5mmol/l	② ~1:15h Extensiver Dauerlauf Hf_max: 70–80% Lactat: <2mmol/l 17b 3x3000m Crescendo Hf_max: 80–95% Lactat: 2,5 bis 6mmol/l	㉕ ~2:30h Extensive RF Hf_max: 70–75% Lactat: <2,5mmol/l	~110km ~13:30h

Woche	Montag	Dienstag	Mittwoch	Donnerstag	Freitag	Samstag	Sonntag	Umfang
10.	[24] ~1h REKOM-RF Hf$_{max}$: <70% Lactat: 1–2mmol/l (KT$_3$)	[2] ~1h Extensiver Dauerlauf Hf$_{max}$: 70–80% Lactat: <2mmol/l [12a] 5×2min Bergläufe Hf$_{max}$: 90–95% Lactat: <7mmol/l	(KT$_3$) [31] REKOM-Schwimmen	[2] ~1h Extensiver Dauerlauf Hf$_{max}$: 70–80% Lactat: <2mmol/l [8c] 2×5000m Tempodauerläufe Hf$_{max}$: 85–90% Lactat: <4mmol/l	[3] ~1:45h Fettstoffwechsellauf Hf$_{max}$: 65–70% Lactat: <1,5mmol/l	[2] ~1h Extensiver Dauerlauf Hf$_{max}$: 70–80% Lactat: <2mmol/l [17b] 3×3000 Crescendo Hf$_{max}$: 80–95% Lactat: 2,5 bis 6mmol/l	[3] ~2:15h Fettstoffwechsellauf Hf$_{max}$: 65–70% Lactat: <1,5mmol/l	~130km ~13:30h
11.	[24] ~1h REKOM-RF Hf$_{max}$: <70% Lactat: 1–2mmol/l (KT$_3$)	[2] ~1:15h Extensiver Dauerlauf Hf$_{max}$: 70–80% Lactat: <2mmol/l [12a] 5×2min Bergläufe Hf$_{max}$: 90–95% Lactat: <7mmol/l	(KT$_3$) [31] REKOM-Schwimmen	[2] ~1:15h Extensiver Dauerlauf Hf$_{max}$: 70–80% Lactat: <2mmol/l [5] ~1:30h Extensives Fahrtspiel Hf$_{max}$: 70–90% Lactat: <6mmol/l	[3] ~1:45h Fettstoffwechsellauf Hf$_{max}$: 65–70% Lactat: <1,5mmol/l	[2] ~1:15h Extensiver Dauerlauf Hf$_{max}$: 70–80% Lactat: <2mmol/l [17c] 3×5000m Crescendo Hf$_{max}$: 80–95% Lactat: 2,5 bis 6mmol/l	[3] ~2:30h Fettstoffwechsellauf Hf$_{max}$: 65–70% Lactat: <1,5mmol/l	~150km ~15h
12.	[24] ~1h REKOM-RF Hf$_{max}$: <70% Lactat: 1–2mmol/l (KT$_3$)	[2] ~1:30h Extensiver Dauerlauf Hf$_{max}$: 70–80% Lactat: <2mmol/l	[10b] 10×1000m (extensiv) Hf$_{max}$: 93–95% Lactat: <6mmol/l	[1] ~40min REKOM-Lauf Hf$_{max}$: 65–70% Lactat: 1–2mmol/l	[3] ~1:30h Fettstoffwechsellauf Hf$_{max}$: 65–70% Lactat: <1,5mmol/l	[1] ~40min REKOM-Lauf Hf$_{max}$: 65–70% Lactat: 1–2mmol/l	WK 10/20km Volkslauf	~80km ~8:30h

Wochenpläne D: Spezielle Vorbereitungsperiode der Marathonläufer (~ 75 Laufkilometer pro Woche)

Woche	Montag	Dienstag	Mittwoch	Donnerstag	Freitag	Samstag	Sonntag	Umfang
1.	[25] ~1:30h Extensive RF — Hf_max: 70–75% — Lactat: <2,5 mmol/l	[1] ~40min REKOM-Lauf — Hf_max: 65–70% — Lactat: 1–2mmol/l — (30b) 4×5min Aqua-Jogging	[4] ~1h Intensiver Dauerlauf — Hf_max: 80–85% — Lactat: ~2,5mmol/l		[2] ~1h Extensiver Dauerlauf — Hf_max: 70–80% — Lactat: <2mmol/l	(19) Hf_max-Test	[3] ~2h Fettstoffwechsellauf — Hf_max: 65–70% — Lactat: <1,5 mmol/l	~60km ~8h
2.	[25] ~1:30h Extensive RF — Hf_max: 70–75% — Lactat: <2,5mmol/l	[1] ~40min REKOM-Lauf — Hf_max: 65–70% — Lactat: 1–2mmol/l — (KT2)	(9a) 1-2-3-2-1 min Pyramide — Hf_max: 85–90% — Lactat: <4mmol/l		(11) ~1h Berg-/Strandlauf — Hf_max: 80–85% — Lactat: <3mmol/l	[3] ~1:30h Fettstoffwechsellauf — Hf_max: 65–70% — Lactat: <1,5mmol/l	[4] 30km Marathonkontrolllauf — Hf_max: 80–85% — Lactat: ~2,5mmol/l	~70km ~9:30h
3.	[24] ~1h REKOM-RF — Hf_max: <70% — Lactat: 1–2mmol/l	[1] ~40min REKOM-Lauf — Hf_max: 65–70% — Lactat: 1–2mmol/l — (KT2)	[4] ~1:20h Intensiver Dauerlauf — Hf_max: 80–85% — Lactat: <2,5mmol/l	[2] ~1:30h Extensiver Dauerlauf — Hf_max: 70–80% — Lactat: <2mmol/l	(11) ~1h Berg-/Strandlauf — Hf_max: 80–85% — Lactat: <3mmol/l	(6) ~1:15h Intensives Fahrtspiel — Hf_max: 70–100% — Lactat: >6mmol/l	[3] ~2:20h Fettstoffwechsellauf — Hf_max: 65–70% — Lactat: <1,5 mmol/l	~80km ~10h
4.	[2] ~1:20h Extensiver Dauerlauf — Hf_max: 70–80% — Lactat: <2mmol/l	[1] ~40min REKOM-Lauf — Hf_max: 65–70% — Lactat: 1–2mmol/l — (KT2)	[4] ~1:20h Intensiver Dauerlauf — Hf_max: 80–85% — Lactat: ~2,5mmol/l		(5) ~1h Extensives Fahrtspiel — Hf_max: 70–90% — Lactat: <6mmol/l	(1) ~40min REKOM-Lauf — Hf_max: 65–70% — Lactat: 1–2mmol/l	WK 10/20km Volkslauf	~60km ~7h
5.	[24] ~1:30h REKOM-RF — Hf_max: <70% — Lactat: 1–2mmol/l	[4] ~1h Intensiver Dauerlauf — Hf_max: 80–85% — Lactat: <2,5mmol/l	(9b) 3-6-12-6-3 min Pyramide — Hf_max: 85–90% — Lactat: <4mmol/l	[2] ~1h Extensiver Dauerlauf — Hf_max: 70–80% — Lactat: <2mmol/l	(14b) 8×300m (intensiv) mit 100m Gehpause	(5) ~1:30h Extensives Fahrtspiel — Hf_max: 70–90% — Lactat: <6mmol/l	[3] ~2:20h Fettstoffwechsellauf — Hf_max: 65–70% — Lactat: <1,5mmol/l	~80km ~9:30h
6.	[25] ~2:30h Extensive RF — Hf_max: 70–75% — Lactat: <2,5 mmol/l	[4] ~1h Intensiver Dauerlauf — Hf_max: 80–85% — Lactat: <2,5mmol/l	(10b) 8×1000m (extensiv) — Hf_max: 93–95% — Lactat: <6mmol/l	[2] ~1:30h Extensiver Dauerlauf — Hf_max: 70–80% — Lactat: <2mmol/l	(15b) 8×200m (intensiv) mit 600m Trabpause	[3] ~1:30h Fettstoffwechsellauf — Hf_max: 65–70% — Lactat: <1,5 mmol/l	[4] 30km Marathonkontrolllauf — Hf_max: 80–85% — Lactat: ~2,5mmol/l	~90km ~11:30h

Wochenpläne E: Spezielle Vorbereitungsperiode der Marathonläufer (~100 Laufkilometer pro Woche)

Woche	Montag	Dienstag	Mittwoch	Donnerstag	Freitag	Samstag	Sonntag	Umfang
1.	[31] REKOM-Schwimmen	[2] ~1:15h Extensiver Dauerlauf, Hf_max: 70–80%, Lactat: <2mmol/l	(10a) 6×1000m (extensiv), Hf_max: 95–97%, Lactat: <6mmol/l	[2] ~1h Extensiver Dauerlauf, Hf_max: 70–80%, Lactat: <2mmol/l	[1] ~40min REKOM-Lauf, Hf_max: 65–70%, Lactat: 1–2mmol/l	(☆20) Conconi-Test	[3] ~2:15h Fettstoff-wechsellauf, Hf_max: 65–70%, Lactat: <1,5mmol/l	~90km ~8h
2.	(KT₂) [1] ~40min REKOM-Lauf, Hf_max: 65–70%, Lactat: 1–2mmol/l	[25] ~2h Extensive RF, Hf_max: 70–75%, Lactat: <2,5mmol/l	(9b) 3-6-12-6-3 min Pyramide, Hf_max: 85–90%, Lactat: <6mmol/l		[2] ~1:15h Extensiver Dauerlauf, Hf_max: 70–80%, Lactat: <2mmol/l; (14a) 6×300m (intensiv) mit 100m Gehpause	[3] ~1:30h Fettstoff-wechsellauf, Hf_max: 65–70%, Lactat: 1,5mmol/l	[4] 30km Marathonkontrolllauf, Hf_max: 80–85%, Lactat: ~2,5mmol/l	~110km ~12h
3.	(KT₂) [31] REKOM-Schwimmen	[2] ~1:15h Extensiver Dauerlauf, Hf_max: 70–80%, Lactat: <2mmol/l	(11a) ~1h Berg-/Strandlauf, Hf_max: 80–85%, Lactat: <3mmol/l	[4] ~1:15h Intensiver Dauerlauf, Hf_max: 80–85%, Lactat: ~2,5mmol/l	[2] ~1h Extensiver Dauerlauf, Hf_max: 70–80%, Lactat: <2mmol/l; (3b) 3×3000m Tempodauerläufe, Hf_max: 85–90%, Lactat: <4mmol/l	[2] ~1:30h Extensiver Dauerlauf, Hf_max: 70–80%, Lactat: <2mmol/l	[3] ~2:30h Fettstoff-wechsellauf, Hf_max: 65–70%, Lactat: <1,5mmol/l	~120km ~12:30h

Woche	Montag	Dienstag	Mittwoch	Donnerstag	Freitag	Samstag	Sonntag	Umfang
4.	[1] ~40min REKOM-Lauf Hf_{max}: 65–70% Lactat: 1–2mmol/l (KT₂)	[6] ~50min Intensives Fahrtspiel Hf_{max}: 70–100% Lactat: >6mmol/l	[2] ~1:30h Extensiver Dauerlauf Hf_{max}: 70–80% Lactat: <2mmol/l		(14a) 6x300m (intensiv) mit 100m Gehpause	[1] ~40min REKOM-Lauf Hf_{max}: 65–70% Lactat: >1–2mmol/l	WK 10/20km Volkslauf	~70km ~7h
5.	[24] ~2h REKOM-RF Hf_{max}: <70% Lactat: 1–2mmol/l	[2] ~1:15h Extensiver Dauerlauf Hf_{max}: 70–80% Lactat: <2mmol/l	[2] ~1h Extensiver Dauerlauf Hf_{max}: 70–80% Lactat: <2mmol/l [5] ~1h Extensives Fahrtspiel Hf_{max}: 70–90% Lactat: <6mmol/l	[4] ~1:10h Intensiver Dauerlauf Hf_{max}: 80–85% Lactat: ~2,5mmol/l	[2] ~1h Extensiver Dauerlauf Hf_{max}: 70–80% Lactat: <2mmol/l (14a) 10x300m (intensiv) mit 100m Gehpause	[4] ~1:15h Intensiver Dauerlauf Hf_{max}: 80–85% Lactat: ~2,5mmol/l	[3] ~2:30h Fettstoff-wechsellauf Hf_{max}: 65–70% Lactat: <1,5mmol/l	~120km ~12h
6.	[25] ~2:30h Extensive RF Hf_{max}: 70–75% Lactat: <2,5mmol/l	[2] ~1:15h Extensiver Dauerlauf Hf_{max}: 70–80% Lactat: <2mmol/l	[2] ~1h Extensiver Dauerlauf Hf_{max}: 70–80% Lactat: <2mmol/l [5] ~1:15h Extensives Fahrtspiel Hf_{max}: 70–90% Lactat: <6mmol/l	[3] ~1:45h Fettstoff-wechsellauf Hf_{max}: 65–70% Lactat: 1,5mmol/l	[2] ~1h Extensiver Dauerlauf Hf_{max}: 70–80% Lactat: <2mmol/l (14a) 6x300m (intensiv) mit 100m Trabpause	[3] ~1:30h Fettstoff-wechsellauf Hf_{max}: 65–70% Lactat: 1,5mmol/l	[4] 30km Marathon-kontrollauf Hf_{max}: 80–85% Lactat: ~2,5mmol/l	~130km ~14h

Wochenpläne F: Spezielle Vorbereitungsperiode der Marathonläufer (~ 125 Laufkilometer pro Woche)

Woche	Montag	Dienstag	Mittwoch	Donnerstag	Freitag	Samstag	Sonntag	Umfang
1.	[25] ~2h Extensive RF Hf_{max}: 70–75 % Lactat: <2,5 mmol/l	(KT₂) [31] REKOM-Schwimmen	[2] ~1:30h Extensive Dauerlauf Hf_{max}: 70–80 % Lactat: <2 mmol/l	[4] ~1:15h Intensiver Dauerlauf Hf_{max}: 80–85 % Lactat: ~2,5 mmol/l	[1] ~40min REKOM-Lauf Hf_{max}: 65–70 % Lactat: 1–2 mmol/l	[21★] 6×2000 m Feldstufentest	[3] ~2:20h Fettstoff-wechsellauf Hf_{max}: 65–70 % Lactat: <1,5 mmol/l	~100 km ~11 h
	[11] ~1:15h Berg-/Strandlauf Hf_{max}: 80–85 % Lactat: <3 mmol/l	[2] ~1:15h Extensiver Dauerlauf Hf_{max}: 70–80 % Lactat: <2 mmol/l	[2] ~1:15h Extensiver Dauerlauf Hf_{max}: 70–80 % Lactat: <2 mmol/l					
2.		(KT₂) [1] ~40min REKOM-Lauf Hf_{max}: 65–70 % Lactat: 1–2 mmol/l	[9b◇] 3-6-12-6-3 min Pyramide Hf_{max}: 85–90 % Lactat: <4 mmol/l	[25] ~2:30h Extensive RF Hf_{max}: 70–75 % Lactat: <2,5 mmol/l	[6] ~1:15h Intensives Fahrtspiel Hf_{max}: 70–100 % Lactat: >6 mmol/l	[3] ~1:45h Fettstoff-wechsellauf Hf_{max}: 65–70 % Lactat: <1,5 mmol/l	[4] 30km Marathon-kontrollauf Hf_{max}: 80–85 % Lactat: ~2,5 mmol/l	~130 km ~14 h
3.	[24▷] ~1h REKOM-RF Hf_{max}: <70 % Lactat: 1–2 mmol/l	[6▷] ~1:15h Intensives Fahrtspiel Hf_{max}: 70–100 % Lactat: >6 mmol/l	[2] ~1:30h Extensive Dauerlauf Hf_{max}: 70–80 % Lactat: <2 mmol/l	[25] ~2:30h Extensive RF Hf_{max}: 70–75 % Lactat: <2,5 mmol/l	[11] ~1:20h Berg-/Strandlauf Hf_{max}: 80–85 % Lactat: <3 mmol/l	[5▷] ~1:30h Extensives Fahrtspiel Hf_{max}: 70–90 % Lactat: <6 mmol/l	[3] ~2:30h Fettstoff-wechsellauf Hf_{max}: 65–70 % Lactat: <1,5 mmol/l	~150 km ~15:30 h
	[1▷] ~40min REKOM-Lauf Hf_{max}: 65–70 % Lactat: 1–2 mmol/l		[8b◇] 4×3000 m Tempo-dauerläufe Hf_{max}: 85–90 % Lactat: <4 mmol/l		(15b) 8×200 m (intensiv) mit 600 m Trabpause			

Woche	Montag	Dienstag	Mittwoch	Donnerstag	Freitag	Samstag	Sonntag	Umfang
4.	31 REKOM-Schwimmen	(KT₂) 1 ~40min REKOM-Lauf Hf_max: 65–70 % Lactat: 1–2 mmol/l	10b ◇ 10×1000 m (extensiv) Hf_max: 93–95 % Lactat: <6 mmol/l	3 ~1:45 h Fettstoffwechsellauf Hf_max: 65–70 % Lactat: <1,5 mmol/l	5 ▽ ~1:15 h Extensives Fahrtspiel Hf_max: 70–90 % Lactat: <6 mmol/l	1 ▽ ~40min REKOM-Lauf Hf_max: 65–70 % Lactat: 1–2 mmol/l	WK 10/20 km Volkslauf	~80 km ~8 h
5.	24 ~2 h REKOM-RF Hf_max: <70 % Lactat: 1–2 mmol/l	2 ~1:30 h Extensiver Dauerlauf Hf_max: 70–80 % Lactat: <2 mmol/l	2 ~1:15 h Extensiver Dauerlauf Hf_max: 70–80 % Lactat: <2 mmol/l 9b ◇ 3-6-12-6-3 min Pyramide Hf_max: 85–90 % Lactat: <4 mmol/l	2 ~1:30 h Extensiver Dauerlauf Hf_max: 70–80 % Lactat: <2 mmol/l	11 ~1:20 h Berg-/Strandlauf Hf_max: 80–85 % Lactat: <3 mmol/l 14b ○ 10×300 m (intensiv) mit 200 m Gehpause	5 ▽ ~1:15 h Extensives Fahrtspiel Hf_max: 70–90 % Lactat: <6 mmol/l	3 ~2:30 h Fettstoffwechsellauf Hf_max: 65–70 % Lactat: <1,5 mmol/l	~140 km ~13 h
6.	25 ~2:30 h Extensive RF Hf_max: 70–75 % Lactat: <2,5 mmol/l	2 ~1:15 h Extensiver Dauerlauf Hf_max: 70–80 % Lactat: <2 mmol/l 10c ◇ 12×1000 m (extensiv) Hf_max: 90–95 % Lactat: <6 mmol/l	2 ~1:15 h Extensiver Dauerlauf Hf_max: 70–80 % Lactat: <2 mmol/l 6 ▽ ~1:15 h Intensives Fahrtspiel Hf_max: 70–100 % Lactat: >6 mmol/l	2 ~1:30 h Extensiver Dauerlauf Hf_max: 70–80 % Lactat: <2 mmol/l	11 ~1:20 h Berg-/Strandlauf Hf_max: 80–85 % Lactat: <3 mmol/l 15b ○ 8×200 m (intensiv) mit 600 m Trabpause	3 ~1:45 h Fettstoffwechsellauf Hf_max: 65–70 % Lactat: <1,5 mmol/l	4 30 km Marathon-kontrolllauf Hf_max: 80–85 % Lactat: ~2,5 mmol/l	~160 km ~15 h

Wettkampfperiode

Für die richtige Gestaltung des Trainings in der Wettkampfperiode ist sehr viel Erfahrung und Wissen erforderlich. In der dritten Woche vor dem Hauptwettkampf wird der Trainingsumfang auf ein Belastungsmaximum erhöht. In den letzten 2 Wochen wird die komplexe sportliche Leistung ausgeprägt.

Eine besondere Ernährungs- und Trainingsgestaltung in den letzten Tagen vor einem Hauptwettkampf kann Ihre Leistung positiv beeinflussen. Mit der Kombination von Training und spezieller Diät ist es möglich, durch den Effekt der Superkompensation, die Glykogenspeicher der Arbeitsmuskulatur zu vergrößern. Dazu wird die Wettkampfwoche in drei Phasen unterteilt: in eine Phase der vermehrten Proteinzufuhr, eine der vermehrten Kohlenhydratzufuhr und eine der Wettkampfernährung.

Die **proteinreiche Phase** (Dauer etwa 3 Tage) beginnt nach einer hochintensiven bzw. einer sehr langen Trainingseinheit. Der Anteil der Proteine wird auf 30 bis 35 % und der der Fette auf 25 bis 30 % der täglichen Energiezufuhr erhöht. Die Kohlenhydrataufnahme wird stark reduziert und sollte maximal 30 % an der Gesamtnährstoffzufuhr betragen. Das Training wird bei mittlerer Belastungsdauer und -intensität fortgeführt, um dadurch eine nahezu völlige Entleerung der Glykogenspeicher in Muskulatur und Leber zu erreichen. Nach einer letzten, etwas intensiveren Radeinheit vor dem Wettkampf beginnt die **kohlenhydratreiche Phase** (Dauer etwa 3 Tage), die durch einen relativ hohen Kohlenhydratanteil von 65 bis 70 % an der täglichen Energieaufnahme gekennzeichnet ist. Trainiert wird im regenerativen Bereich. Ziel dieser Maßnahme ist es, die entleerten Glykogenspeicher über das Ausgangsniveau hinaus aufzufüllen. Aufgrund des ungewohnten Trainingsreizes und der Ernährungsumstellung können die Glykogendepots von Muskulatur und Leber über den normalen Glykogengehalt gesteigert werden. In der dritten Phase, dem **Wettkampf**, profitieren Sie von gutgefüllten Energiespeichern. Um den Organismus vor dem Wettkampf nicht unnötig mit der Verdauung zu belasten, sollten Sie eine leichtverdauliche und kohlenhydratreiche Kost zu sich nehmen. Achten Sie dabei auf die Verträglichkeit. Die letzte größere Mahlzeit sollte etwa 3 Stunden vor dem Wettkampf liegen. Etwa 45 Minuten vor dem Wettkampf sind ein kohlenhydratreicher/fettarmer Snack (Müsliriegel), eine Banane, ein Glas Fruchtsaft mit löslichen Haferflocken oder ähnliches geeignet, um den Blutzuckerspiegel zu stabilisieren. Fünf bis 15 Minuten vor dem Wettkampf tragen leicht hypotone Getränke (etwa 5 %ige Zuckerlösungen) zur optimalen Deckung des Flüssigkeitsbedarf bei. Hypertone Energiedrinks (über 15 %ige Zuckerlösungen) führen zu einer unerwünschten Aktivierung des anaeroben Stoffwechsels.

Wie Sie sich **während des Wettkampfs** ernähren, ist abhängig von Temperatur, Luftfeuchtigkeit und Wettkampfdauer. In jedem Fall ist eine regelmäßige Flüssigkeitszufuhr von bis zu 1 Liter pro Stunde, aufgeteilt in kleine Portionen, zum Aufrechterhalten der Leistungsfähigkeit nötig. Nach dem Marathon sollten Sie zwei bis drei Erholungswochen einlegen, bevor Sie sich an weiteren Laufwettbewerben beteiligen. Zwar kann man nach einem Marathon relativ gute Wettkampfleistungen über 5 und 10 km erzielen, doch würden Sie damit die Regenerationsprozesse massiv stören und möglicherweise Ihre Form für den Rest der Saison aufs Spiel setzen.

Wochenpläne D: Wettkampfperiode der Marathonläufer (~75 Laufkilometer pro Woche)

Woche	Montag	Dienstag	Mittwoch	Donnerstag	Freitag	Samstag	Sonntag	Umfang
1.	[25] ~2:30h Extensive RF Hf_{max}: 70–75% Lactat: <2,5 mmol/l	◁5 ~1h Extensives Fahrtspiel Hf_{max}: 70–90% Lactat: <6 mmol/l	(16a) 3×3000m (intensiv) V_{max}: 97–102%		[2] ~1:15h Extensiver Dauerlauf Hf_{max}: 70–80% Lactat: <2 mmol/l	[4] ~1:15h Intensiver Dauerlauf Hf_{max}: 80–85% Lactat: ~2,5 mmol/l	[3] ~1:30h Fettstoffwechsellauf Hf_{max}: 65–70% Lactat: <1,5 mmol/l	~60 km ~8:30h
2.	[4] ~1h Intensiver Dauerlauf Hf_{max}: 80–85% Lactat: ~2,5 mmol/l	[2] ~1:30h Extensiver Dauerlauf Hf_{max}: 70–80% Lactat: <2 mmol/l	(14b) 10×300m (intensiv) mit 100m Gehpause	[2] ~1:30h Extensiver Dauerlauf Hf_{max}: 70–80% Lactat: <2 mmol/l	◁5 ~1:30h Extensives Fahrtspiel Hf_{max}: 70–90% Lactat: <6 mmol/l	[4] ~1:15h Intensiver Dauerlauf Hf_{max}: 80–85% Lactat: ~2,5 mmol/l	[3] ~2:20h Fettstoffwechsellauf Hf_{max}: 65–70% Lactat: <1,5 mmol/l	~100 km ~10h
3.	[25] ~2:30h Extensive RF Hf_{max}: 70–75% Lactat: <2,5 mmol/l	(15b) 10×200m (intensiv) mit 600m Trabpause	[2] ~1h Extensiver Dauerlauf Hf_{max}: 70–80% Lactat: <2 mmol/l	◁17b 3×3000m Crescendo Hf_{max}: 80–95% Lactat: 2,5 bis 6 mmol/l	[2] ~1h Extensiver Dauerlauf Hf_{max}: 70–80% Lactat: <2 mmol/l	[4] ~1:15h Intensiver Dauerlauf Hf_{max}: 80–85% Lactat: ~2,5 mmol/l	[3] ~1:45h Fettstoffwechsellauf Hf_{max}: 65–70% Lactat: <1,5 mmol/l	~70 km ~9:30h
4.		[2] ~50min Extensiver Dauerlauf Hf_{max}: 70–80% Lactat: <2 mmol/l	(15a) 6×200m (intensiv) mit 600m Trabpause		◁1 ~40min REKOM-Lauf Hf_{max}: 65–70% Lactat: 1–2 mmol/l	◁1 ~30min REKOM-Lauf Hf_{max}: 65–70% Lactat: 1–2 mmol/l	Marathon	~70 km ~7h

Wochenpläne E: Wettkampfperiode der Marathonläufer (~ 100 Laufkilometer pro Woche)

Woche	Montag	Dienstag	Mittwoch	Donnerstag	Freitag	Samstag	Sonntag	Umfang
1.	[3II] REKOM-Schwimmen	[5] ~1:15h Extensives Fahrtspiel Hf_{max}: 70–90% Lactat: <6mmol/l	(14b) 8x300m (intensiv) mit 100m Gehpause		[2] ~1:15h Extensiver Dauerlauf Hf_{max}: 70–80% Lactat: <2mmol/l	[4] ~1:15h Intensiver Dauerlauf Hf_{max}: 80–85% Lactat: ~2,5mmol/l	[3] ~2h Fettstoffwechsellauf Hf_{max}: 65–70% Lactat: <1,5mmol/l	~90km ~7:30h
2.	[5] ~1:15h Extensives Fahrtspiel Hf_{max}: 70–90% Lactat: <6mmol/l	[2] ~1:15h Extensiver Dauerlauf Hf_{max}: 70–80% Lactat: <2mmol/l [6] ~1h Intensives Fahrtspiel Hf_{max}: 70–100% Lactat: >6mmol/l	[2] ~1:45h Extensiver Dauerlauf Hf_{max}: 70–80% Lactat: <2mmol/l	(14b) 10x300m (intensiv) mit 100m Gehpause	[25] ~2h Extensive RF Hf_{max}: 70–75% Lactat: <2,5mmol/l [1II] ~40min REKOM-Lauf Hf_{max}: 65–70% Lactat: 1–2mmol/l	[4] ~1:30h Intensiver Dauerlauf Hf_{max}: 80–85% Lactat: ~2,5mmol/l	[3] ~2:30h Fettstoffwechsellauf Hf_{max}: 65–70% Lactat: <1,5mmol/l	~140km ~14h
3.	[2] ~1h Extensiver Dauerlauf Hf_{max}: 70–80% Lactat: <2mmol/l [17b] 3x3000m Crescendo Hf_{max}: 80–95% Lactat: 2,5 bis 6mmol/l	[5] ~1:15h Extensives Fahrtspiel Hf_{max}: 70–90% Lactat: <6mmol/l	(15b) 8x200m (intensiv) mit 600m Trabpause	[25] ~2h Extensive RF Hf_{max}: 70–75% Lactat: <2,5mmol/l	[2] ~1h Extensiver Dauerlauf Hf_{max}: 70–80% Lactat: <2mmol/l	[4] ~1:15h Intensiver Dauerlauf Hf_{max}: 80–85% Lactat: ~2,5mmol/l	[3] ~1:30h Fettstoffwechsellauf Hf_{max}: 65–70% Lactat: <1,5mmol/l	~100km ~10h
4.	[1II] ~40min REKOM-Lauf Hf_{max}: 65–70% Lactat: 1–2mmol/l	[2] ~45min Extensiver Dauerlauf Hf_{max}: 70–80% Lactat: <2mmol/l	(15a) 6x200m (intensiv) mit 600m Trabpause		[1II] ~40min REKOM-Lauf Hf_{max}: 65–70% Lactat: 1–2mmol/l	[1II] ~30min REKOM-Lauf Hf_{max}: 65–70% Lactat: 1–2mmol/l	Marathon	~80km ~7h

Wochenpläne F: Wettkampfperiode der Marathonläufer (~ 125 Laufkilometer pro Woche)

Woche	Montag	Dienstag	Mittwoch	Donnerstag	Freitag	Samstag	Sonntag	Umfang
1.	[31] REKOM-Schwimmen	[5] ~1:15h Extensives Fahrtspiel Hf_{max}: 70–90% Lactat: <6mmol/l	[2] ~1:15h Extensives Fahrtspiel Hf_{max}: 70–80% Lactat: <2mmol/l	[25] ~2h Extensive RF Hf_{max}: 70–75% Lactat: <2,5mmol/l	[2] ~1h Extensiver Dauerlauf Hf_{max}: 70–80% Lactat: ~2mmol/l [14b] 10x300m (intensiv) mit 100m Gehpause	[4] ~1:30h Intensiver Dauerlauf Hf_{max}: 80–85% Lactat: ~2,5mmol/l	[3] ~2h Fettstoff-wechsellauf Hf_{max}: 65–70% Lactat: <1,5mmol/l	~100km ~11:30h
2.	[1] ~40min REKOM-Lauf Hf_{max}: 65–70% Lactat: ~1–2mmol/l [17b] 3x3000m Crescendo Hf_{max}: 80–95% Lactat: 2,5 bis 6mmol/l	[2] ~1:15h Extensiver Dauerlauf Hf_{max}: 70–80% Lactat: <2mmol/l [4] ~1:15h Intensiver Dauerlauf Hf_{max}: 80–85% Lactat: ~2,5mmol/l	[2] ~1:15h Extensiver Dauerlauf Hf_{max}: 70–80% Lactat: <2mmol/l [15c] 12x200m (intensiv) mit 600m Trabpause	[25] ~2h Extensive RF Hf_{max}: 70–75% Lactat: <2,5mmol/l	[2] ~1:15h Extensiver Dauerlauf Hf_{max}: 70–80% Lactat: ~2mmol/l [14b] 10x300m (intensiv) mit 100m Gehpause	[4] ~1:45h Intensiver Dauerlauf Hf_{max}: 80–85% Lactat: ~2,5mmol/l	[3] ~2:30h Fettstoff-wechsellauf Hf_{max}: 65–70% Lactat: <1,5mmol/l	~180km ~15h
3.	[24] ~1h REKOM-RF Hf_{max}: <70% Lactat: 1–2mmol/l [17b] 3x3000m Crescendo Hf_{max}: 80–95% Lactat: 2,5 bis 6mmol/l	[2] ~1:15h Extensiver Dauerlauf Hf_{max}: 70–80% Lactat: <2mmol/l	[2] ~1h Extensiver Dauerlauf Hf_{max}: 70–80% Lactat: <2mmol/l [10c] 12x1000m (extensiv) Hf_{max}: 90–95% Lactat: <6mmol/l	[25] ~2h Extensive RF Hf_{max}: 70–75% Lactat: <2,5mmol/l	[2] ~1h Extensiver Dauerlauf Hf_{max}: 70–80% Lactat: ~2mmol/l [15b] 8x200m (intensiv) mit 600m Trabpause	[4] ~1:15h Intensiver Dauerlauf Hf_{max}: 80–85% Lactat: ~2,5mmol/l	[3] ~1:45h Fettstoff-wechsellauf Hf_{max}: 65–70% Lactat: <1,5mmol/l	~120km ~13h
4.	[1] ~40min REKOM-Lauf Hf_{max}: 65–70% Lactat: 1–2mmol/l	[2] ~1h Extensiver Dauerlauf Hf_{max}: 70–80% Lactat: <2mmol/l	[5b] 10x200m (intensiv) mit 600m Trabpause	[2] ~1h Extensiver Dauerlauf Hf_{max}: 70–80% Lactat: <2mmol/l	[1] ~40min REKOM-Lauf Hf_{max}: 65–70% Lactat: 1–2mmol/l	[1] ~30min REKOM-Lauf Hf_{max}: 65–70% Lactat: 1–2mmol/l	Marathon	~100km ~7:30h

Erholungswochen für Marathonläufer (Wochenpläne D, E, und F)

Woche	Montag	Dienstag	Mittwoch	Donnerstag	Freitag	Samstag	Sonntag	Umfang
1.	[31] REKOM-Schwimmen	[24] ~40min REKOM-RF Hf_{max}: <70% Lactat: 1–2mmol/l	[2] ~50min Extensiver Dauerlauf Hf_{max}: 70–80% Lactat: <2mmol/l		[25] ~2h Extensive RF Hf_{max}: 70–75% Lactat: <2,5mmol/l	[2] ~1h Extensiver Dauerlauf Hf_{max}: 70–80% Lactat: <2mmol/l		~30km ~5h
2.	[30a] Aqua-Jogging	[26] ~1:30h Rad-Fahrtspiel Hf_{max}: 75–90% Lactat: <6mmol/l	[2] ~1h Extensiver Dauerlauf Hf_{max}: 70–80% Lactat: <2mmol/l		[5] ~1h Extensives Fahrtspiel Hf_{max}: 70–90% Lactat: <6mmol/l	[25] ~2:30h Extensive RF Hf_{max}: 70–75% Lactat: <2,5mmol/l		~30km ~6h
3.	[30b] Aqua-Jogging	[26] ~1:30h Rad-Fahrtspiel Hf_{max}: 75–90% Lactat: <6mmol/l	[4] ~1h Intensiver Dauerlauf Hf_{max}: 80–85% Lactat: ~2,5mmol/l		[2] ~1h Extensiver Dauerlauf Hf_{max}: 70–80% Lactat: <2mmol/l	[25] ~2:30h Extensive RF Hf_{max}: 70–75% Lactat: <2,5mmol/l		~30km ~6h

Der Marathon-Wettkampf

Die Anreise zum Wettkampf sollte so geplant werden, daß Sie hinreichend Zeit haben, um alle Vorbereitungen zu treffen. Kalkulieren Sie bei Großveranstaltungen längere Wartezeiten, beispielsweise bei der Ausgabe der Startunterlagen oder beim Transfer zum Start, ein. Bei Wettkämpfen in anderen Zeit- oder Klimazonen müssen Sie sich akklimatisieren. Aus der Flugmedizin ist bekannt, daß Flüge gegen den Sonnenverlauf (Ostrichtung) die größten Umstellungsprobleme am Aufenthaltsort verursachen. Als Faustregel gilt, daß für jede Stunde Zeitverschiebung (Vorauszeit) ein Umstellungstag erforderlich ist. Die im Gehirn gesteuerten Biorhythmen der einzelnen Funktionssysteme (Schlaf-wach-Rhythmus, Nahrungsaufnahme-Rhythmus, psychophysischer Aktivitätsrhythmus u. a.) benötigen immer Umstellungszeit, bevor sie sich auf den neuen Tag-Nacht-Rhythmus einstellen. Sinnvoll ist es, die Wettkampfstrecke oder zumindest einige Teilabschnitte vorher zu besichtigen und sich den Verlauf einzuprägen. Sie sollten wissen, welche Streckenabschnitte starker Sonneneinstrahlung ausgesetzt sind, wo es bergauf und bergab geht, wo unebener Bodenbelag (Kopfsteinpflaster) den Laufrhythmus stört und wo sich die Verpflegungsstationen befinden. Gut ist es, zu wissen, an welcher Stelle Ihr Partner oder Ihr Trainer Sie anfeuert.

Eine leichte Nervosität vor dem Wettkampf ist normal und sogar wünschenswert. Die zentralnervöse Aktivierung hat eine positive Wirkung auf die Leistungsbereitschaft und beeinflußt die für die Belastung notwendigen Stoffwechselprozesse günstig. Viele Sportler haben in der Nacht vor einem bedeutenden Wettkampf einen unruhigen, nervösen Schlaf. Die Erfahrungen zeigen jedoch, daß selbst bei einer schlaflosen Nacht gute Wettkampfleistungen zu erzielen sind, vorausgesetzt, Sie haben zwei Nächte vor dem Wettkampf ausreichend geschlafen. Am Wettkampftag sollten Sie auf keinen Fall irgend etwas Neues, Ungewohntes ausprobieren. Dies gilt insbesondere für Ihre Ernährungsgewohnheiten und die Wahl der richtigen Wettkampfbekleidung (s. S. 13). Der leichteste Schuh ist nicht unbedingt immer der richtige, gerade für etwas schwerere Läufer kann ein stabiler Trainingsschuh vorteilhaft sein.

Vor dem Start sollten Sie sich 10 bis 20 Minuten locker einlaufen und leichte Dehnungsgymnastik durchführen. Intensive Übungen, die zu einer Erhöhung des Lactatspiegels führen, sind zu vermeiden. Die Erwärmung sollte 10 Minuten vor dem Start beendet sein, damit Sie genügend Zeit zum Ablegen der Bekleidung haben und sich in Ruhe zu Ihrer Startposition begeben können. Die Startaufstellung orientiert sich an Ihrer anvisierten Endzeit. Es macht wenig Sinn, wenn Sie sich in einen Startblock mit leistungsstärkeren Läufern stellen, die Sie zu einem zu hohen Anfangstempo verleiten könnten. Vielmehr raten wir Ihnen, sich vom Start weg an Ihren angestrebten Durchgangszeiten oder an der festgelegten Marathon-Herzfrequenz zu orientieren. Erfolgreich werden Marathons gelaufen, wenn der anaerobe Stoffwechsel wenig und möglichst erst in der zweiten Hälfte des Marathons dazugeschaltet wird. Der sogenannte tote Punkt bei Kilometer 30 bis 35 als Ausdruck eines vorübergehend ungedeckten Energieangebotes entfällt dann in der Regel, weil in der ersten Hälfte die Energiespeicher in Muskulatur und Leber geschont wurden.

Die Verpflegung vor und während des Wettkampfes hat großen Einfluß auf die

Wettkampfleistung. Neben einer kohlenhydratbetonten Kost in den letzten Tagen vor dem Wettkampf muß man für eine ausreichende Flüssigkeitszufuhr sorgen. Am Vorabend sollten Sie etwa 2 Liter Flüssigkeit (isoton) zu sich nehmen. Während des Wettkampfes sollten Sie möglichst keine Verpflegungsstation auslassen. Eine regelmäßige Flüssigkeitszufuhr verhindert eine Dehydratation (Entwässerung) und Hypoglykämie (Unterzuckerung). Nach dem Zieleinlauf ist der erschöpfte Organismus besonders infektanfällig. Warme Bekleidung und sofortiger Ausgleich des entstandenen Flüssigkeits- und Energiedefizits schützen das Immunsystem vor weiteren Reizeinwirkungen. Warme Bäder, Sauna und Massage helfen darüber hinaus, die Regeneration einzuleiten und zu beschleunigen (s. S. 146). Das Training in den folgenden Wochen hat überwiegend regenerativen Charakter. Obwohl man sich auf einem Leistungshoch befindet, benötigt der Organismus Zeit (etwa 3 bis 4 Wochen), bis er die Folgen der Marathonbelastung so weit verarbeitet hat, daß Sie sich neuen Herausforderungen stellen können.

Das Trainingscamp

Trainingscamps bzw. Trainingslager sind bei Spitzenläufern ein fester Bestandteil des Jahrestrainingsplanes. Die zunehmende Leistungsdichte, die vielversprechenden Angebote, während der kalten Jahreszeit im Schnee oder unter südlicher Sonne zu trainieren, aber auch der Spaß, die Freude und die Geselligkeit beim Gruppentraining haben dazu geführt, daß inzwischen Läufer aller Leistungs- und Altersklassen in Trainingscamps reisen. Der Trainingsort wird nicht nur von den optimalen Trainingsbedingungen bestimmt. Die Sportler messen auch einem attraktiven Umfeld große Bedeutung bei, um neben dem sportlichen Training das Ambiente zu genießen. Die Motive und Sinndimensionen sind von daher sehr vielfältig: Das Trainingscamp ist der Aktivurlaub, der Abbau von Alltagsstreß, das Erleben besonderer Eindrücke, das Knüpfen neuer Bekanntschaften, aber vor allem die Maßnahme zur Leistungssteigerung und der Motivationsschub für das alltägliche Training. Sprunghafte Leistungszuwächse erwarten meist jene Sportler, die aufgrund von beruflichen, schulischen und sozialen Verpflichtungen nicht viel Zeit in das Training zu Hause investieren können. Ein Trainingscamp bedeutet für sie, endlich genügend Zeit zum Laufen zu haben. Nach wenigen Tagen harter Trainingsarbeit will man an die alte Form anknüpfen, und am Ende soll eine deutliche Leistungssteigerung stehen. Dies gelingt erfahrungsgemäß nicht immer. Der Körper rebelliert, wenn nicht bereits im Trainingscamp, dann meistens in den Wochen danach. Er kann die hohen Trainingsbelastungen nicht verarbeiten, Müdigkeit und Leistungsabfall sind die Folge. Damit es Ihnen nicht so ergeht, geben wir Ihnen einige Tips, Erfahrungen und Trainingspläne zur Vorbereitung und Gestaltung eines Trainingslagers.

Der Erfolg eines Trainingscamps wird entscheidend geprägt von der rechtzeitigen Planung und der Auswahl des Trainingsortes. Deshalb sollten Sie sich möglichst früh auf den genauen Zeitpunkt und das Ziel des Camps festlegen. Neben dem sportlichen

Angebot, wie guter Trainingsbetreuung, leistungsdifferenziertem Gruppentraining und sportmedizinischer und physiotherapeutischer Betreuung, spielt der Trainingsort als ‹Urlaubsparadies› eine große Rolle. Denn hohe Trainingsbelastungen bedürfen eines guten Umfeldes, um auch der Psyche genügend Raum zur Regeneration zu bieten. Dies wirkt sich positiv auf Ihre Trainingsarbeit und das Immunsystem aus. Bei kürzeren Trainingscamps sollten Sie möglichst in der mitteleuropäischen Zeitzone bleiben, um die Anpassungszeit so kurz wie möglich zu halten. Man kann davon ausgehen, daß jede Stunde Zeitverschiebung einen Akklimatisationstag erforderlich macht. Das Training an diesen Tagen dürfte nur regenerativen Charakter haben, so daß Ihre effektiven Trainingstage zusammenschrumpfen würden. Nach der Rückkehr ergeben sich ähnliche Probleme beim Wiedereinfinden in den Alltag – inklusive Jetlag –, die wichtige Regenerationsphase ist erheblich gestört.

Sportliche Vorbereitung
Das Trainingslager muß durch ein mehrwöchiges regelmäßiges Training vorbereitet werden, um eine hohe organische Belastbarkeit zu sichern. Besonderes Augenmerk gilt dabei dem Stütz- und Bewegungsapparat, um typische Überlastungssymptome wie Sehnenscheiden- und Schleimbeutelentzündungen, Reizungen an den Sehnenansatzstellen sowie muskuläre Verspannungen und Verhärtungen zu vermeiden. Je belastbarer der Organismus ist, desto umfangreicher kann im Trainingslager trainiert werden und desto geringer ist die Wahrscheinlichkeit, daß Sie das Training aufgrund von Überbelastungsreaktionen unterbrechen müssen.

Trainings- und Ernährungsgewohnheiten
Die plötzlich umfangreich zur Verfügung stehende Trainingszeit und die veränderten Trainingsangebote im Camp können Sie leicht dazu verleiten, Ihre Trainingsgewohnheiten völlig aufzugeben. Dies kann problematisch sein. Muskuläre Anpassungsschwierigkeiten und Überbelastungsreaktionen können entstehen, wenn ungewohnte Trainingsmittel, die nicht Bestandteil Ihres Heimtrainings sind, wie Kraftraum oder Tartanbahn, übermäßig genutzt werden. Eine starke Veränderung der Ernährungsgewohnheiten kann in Verbindung mit hohen Trainingsbelastungen zu Umstellungsproblemen im Verdauungstrakt führen. Genügend Schlaf (8 bis 10 Stunden), eine bedarfsangepaßte Ernährung und Regenerationsmaßnahmen sind vermehrt erforderlich, um die Erholungsprozesse zu beschleunigen. Fühlen Sie sich trotz dieser Maßnahmen äußerst müde, dann sollten Sie einen oder mehrere Tage pausieren oder ein lockeres Kompensationstraining durchführen. Ignorieren Sie die starke Ermüdung, kann sich ein Übertrainingszustand über mehrere Wochen manifestieren, und Sie hätten keinen Vorteil aus dem Trainingslager. Der Erfolg der gesamten Saison steht auf dem Spiel.

Trainingsstruktur und Belastungsgestaltung
Die freie Zeit, die guten äußeren Bedingungen und ein motivierendes Gruppentraining können zu einem übertriebenen Trainingseifer führen und die Selbsteinschät-

zung der eigenen Leistungsfähigkeit beeinträchtigen. Überbeanspruchungen, die meist gar nicht oder zu spät wahrgenommen werden, sind die Folge. Überbeanspruchungen können aber auch aus einem falschen Trainingskonzept resultieren, wenn sich die Trainingsbelastungen nicht an Ihrem aktuellen Trainingszustand orientieren oder Sie die wichtigsten Trainingsprinzipien ‹Zyklisierung von Belastung und Erholung› und ‹progressiv ansteigende Trainingsbelastungen› außer acht lassen. Deshalb ist es gerade auch im Trainingslager wichtig, Ihre Belastungsintensität mit Lactat- und Herzfrequenzmessungen zu kontrollieren und Ihre persönlichen Trainingsbereiche einzuhalten. Die Belastungsgestaltung Ihres Trainingslagers ist abhängig von Ihrer aktuellen Belastbarkeit, der Dauer und der Höhenlage des Trainingsortes und der zeitlichen Einordnung im Trainingsjahr. Ihre sportliche Belastbarkeit wird bestimmt von Ihrem gesundheitlichen Zustand, der Höhe Ihres Jahrestrainingsumfanges und Ihrem Trainingsalter.

Höhentraining
Der besondere Vorteil eines Höhentrainings ergibt sich aus dem mit ansteigender Höhe sinkenden Sauerstoffpartialdruck. Aufgrund der erschwerten Sauerstoffaufnahme erhöht sich die Reizwirksamkeit der Trainingsbelastungen mit der Folge, daß der Organismus zur erhöhten Produktion der sauerstoffbindenden roten Blutkörperchen (Erythrozyten) angeregt wird. Für ein Höhentrainingslager sind mittlere Höhen von 1800 m bis 2500 m ideal. Größere Höhen sind für ein Ausdauertraining riskant. Der Effekt eines Höhenaufenthaltes entwickelt sich im Flachland nach etwa 12 bis 16 Tagen zu einem Höhepunkt der Leistungsfähigkeit. Trainieren Sie in der Höhe zu intensiv, kann die Entwicklung der aeroben Leistungsfähigkeit behindert werden. Wegen der tiefgreifenderen Umstellungsreaktionen des Organismus in der Höhenlage sollten Sie sich für ein Höhencamp zwei bis drei Wochen Zeit nehmen.

Erhöhte Infektionsgefahr nach dem Trainingscamp
Wissenschaftliche Studien belegen, daß es bei sehr hohen sportlichen Belastungen zu einer Beeinträchtigung des Immunsystems (Immunsupression) kommt. Die Anzahl der T-Lymphozyten und Killerzellen ist deutlich reduziert. Ein Trainingslager stellt enorme Anforderungen an den Organismus, die Abwehrkräfte können deutlich abnehmen, was sich in erhöhter Infektanfälligkeit niederschlägt. Akute Infektionsgefahr besteht jedoch meist erst nach dem Trainingslager, wenn die Regenerationsphase in der folgenden Woche beispielsweise durch Alltagsstreß gestört ist oder wenn die klimatischen Bedingungen zu Hause sehr schlecht sind. Das bereits geschwächte Immunsystem ist dann überfordert und kann seine Aufgaben nicht mehr voll wahrnehmen. Deshalb empfehlen wir Ihnen die prophylaktische Einnahme von Immunstimulantien sowie Vitaminen, Mineralien und Spurenelementen, um den Mehrbedarf frühzeitig zu decken.

Wochenpläne: Skilanglauf-Trainingslager

Woche	Montag	Dienstag	Mittwoch	Donnerstag	Freitag	Samstag	Sonntag	Umfang
1.	[27] Extensive-SLL Hf$_{max}$: 70–80 % Lactat: 2–3 mmol/l	[27] Extensive-SLL Hf$_{max}$: 70–80 % Lactat: 2–3 mmol/l [2] Extensiver Dauerlauf Hf$_{max}$: 70–80 % Lactat: <2 mmol/l	[27] Extensive-SLL Hf$_{max}$: 70–80 % Lactat: 2–3 mmol/l [29] SLL-Fahrtspiel Hf$_{max}$: 75–90 % Lactat: <6 mmol/l	[27] Extensive-SLL Hf$_{max}$: 70–80 % Lactat: 2–3 mmol/l [31] REKOM-Schwimmen	[28] SLL-Tagestour Hf$_{max}$: 65–75 % Lactat: <2 mmol/l	[1] REKOM-Lauf Hf$_{max}$: 65–70 % Lactat: 1–2 mmol/l [29] SLL-Fahrtspiel Hf$_{max}$: 75–90 % Lactat: <6 mmol/l	[27] Extensive-SLL Hf$_{max}$: 70–80 % Lactat: 2–3 mmol/l [29] SLL-Fahrtspiel Hf$_{max}$: 75–90 % Lactat: <6 mmol/l	
2.	[2] Extensiver Dauerlauf Hf$_{max}$: 70–80 % Lactat: <2 mmol/l	[27] Extensive-SLL Hf$_{max}$: 70–80 % Lactat: 2–3 mmol/l [31] REKOM-Schwimmen	[29] SLL-Fahrtspiel Hf$_{max}$: 75–90 % Lactat: <6 mmol/l [27] Extensive-SLL Hf$_{max}$: 70–80 % Lactat: 2–3 mmol/l	[28] SLL-Tagestour Hf$_{max}$: 65–75 % Lactat: <2 mmol/l [1] REKOM-Lauf Hf$_{max}$: 65–70 % Lactat: 1–2 mmol/l	[28] SLL-Tagestour Hf$_{max}$: 65–75 % Lactat: <2 mmol/l [1] REKOM-Lauf Hf$_{max}$: 65–70 % Lactat: 1–2 mmol/l	[2] Extensiver Dauerlauf Hf$_{max}$: 70–80 % Lactat: <2 mmol/l	[27] Extensive-SLL Hf$_{max}$: 70–80 % Lactat: 2–3 mmol/l	

Beispiel für die inhaltliche Gestaltungen eines Skilanglauf-Trainingslagers. Der Trainingsumfang richtet sich nach Ihrem technischen und konditionellen Leistungsstand.

Skilanglauf-Trainingslager

Skilanglaufen bietet sehr gute Möglichkeiten für die Entwicklung der Basisausdauer. Durch den gelenkschonenden Ganzkörpereinsatz kann man leicht und wirkungsvoll Belastungsumfänge realisieren, die weit über denen eines ausschließlichen Lauftrainings liegen. Für die Dauer des Camps empfehlen wir Ihnen 8 bis 14 Tage. In den ersten Tagen sollen Sie sich durch kürzere, dafür aber mehrmalige Belastungen auf Skiern an die neue Beanspruchungsform gewöhnen. Der absolute Höhepunkt ist eine Tagestour, die äußerst reizwirksam für den Fettstoffwechsel ist. Gegen Ende ist auch die Teilnahme an einem der berühmten Skimarathons denkbar. Damit Ihr Laufrhythmus nicht zu stark beeinflußt wird, empfehlen wir Ihnen, täglich etwa 15 bis 20 Minuten zu laufen.

Motivierendes Laufen in der Gruppe

Lauf-Trainingslager

Es ist auf jeden Fall ein Motivationsschub, schon im Winter an einem anderen Ort in leichter Kleidung trainieren zu können. Die dargestellten ein- bzw. zweiwöchigen Trainingspläne können Sie innerhalb der allgemeinen oder speziellen Vorbereitungsperiode durchführen. Die ersten Tage im Camp dienen der Akklimatisation. Um den bevorstehenden Reisestress und die Umstellung zum Heimtraining besser zu bewältigen, sollten Sie die letzten zwei Tage die Trainingsbelastungen etwas reduzieren.

Wochenpläne: Lauf-Trainingslager

Woche	Montag	Dienstag	Mittwoch	Donnerstag	Freitag	Samstag	Sonntag	Umfang
1.	[1] REKOM-Lauf Hf_{max}: 65–70 % Lactat: 1–2 mmol/l	[2] Extensiver Dauerlauf Hf_{max}: 70–80 % Lactat: <2 mmol/l [4] Intensiver Dauerlauf Hf_{max}: 80–85 % Lactat: ~2,5 mmol/l	[2] Extensiver Dauerlauf Hf_{max}: 70–80 % Lactat: <2 mmol/l (14) Intensive 300-m-Läufe mit 100 m Gehpause	[31] REKOM-Schwimmen [3] Fettstoffwechsellauf Hf_{max}: 65–70 % Lactat: <1,5 mmol/l	[2] Extensiver Dauerlauf Hf_{max}: 70–80 % Lactat: <2 mmol/l [4] Intensiver Dauerlauf Hf_{max}: 80–85 % Lactat: ~2,5 mmol/l	[3] ~1:30h Fettstoffwechsellauf Hf_{max}: 65–70 % Lactat: <1,5 mmol/l	[2] ~30min Extensiver Dauerlauf Hf_{max}: 70–80 % Lactat: <2 mmol/l (15) Intensive 200-m-Läufe mit 600 m Trabpause	
2.	[1] REKOM-Lauf Hf_{max}: 65–70 % Lactat: 1–2 mmol/l [31] REKOM-Schwimmen	[5] Extensives Fahrtspiel Hf_{max}: 70–90 % Lactat: <6 mmol/l [3] Fettstoffwechsellauf Hf_{max}: 65–70 % Lactat: <1,5 mmol/l	[2] Extensiver Dauerlauf Hf_{max}: 70–80 % Lactat: <2 mmol/l (10) Extensive 1000-m-Läufe Hf_{max}: 95–97 % Lactat: <6 mmol/l	[30a] Aqua-Jogging	[5] Extensives Fahrtspiel Hf_{max}: 70–90 % Lactat: <6 mmol/l [3] Fettstoffwechsellauf Hf_{max}: 65–70 % Lactat: <1,5 mmol/l	[4] Intensiver Dauerlauf Hf_{max}: 80–85 % Lactat: ~2,5 mmol/l [1] REKOM-Lauf Hf_{max}: 65–70 % Lactat: 1–2 mmol/l	[2] ~30min Extensiver Dauerlauf Hf_{max}: 70–80 % Lactat: <2 mmol/l	

Beispiel für die inhaltliche Gestaltungen eines Lauf-Trainingslagers. Der Trainingsumfang richtet sich nach Ihrem Leistungsstand.

DEHNUNGSGYMNASTIK

Für eine geschmeidige, elastische und leistungsfähige Muskulatur müssen Sie diese regelmäßig dehnen. Ein Muskel ist nur dann voll funktionsfähig, wenn die erforderliche Bewegungsamplitude ohne muskulären Widerstand ausgeführt werden kann. Nur durch ein gezieltes Dehnungsprogramm nach jeder Trainingseinheit können Sie die einseitigen Beanspruchungen Ihrer Muskulatur kompensieren. Darüber hinaus stellt das Dehnen eine Prophylaxe gegen chronische muskuläre Verhärtungen und Verspannungen dar.

Generell unterscheidet man beim Dehnen bzw. Stretching zwischen aktiv statischem und passiv statischem Dehnen. Beim aktiv statischen Dehnen führen Sie die Dehnung ohne fremde Hilfe, d. h., nur durch die Muskelkraft des Gegenspielers (Antagonist) aus (z. B. Übung 9, S. 122). Beim passiv statischen Dehnen erfolgt die Dehnung durch äußere Kräfte. Beiden Methoden ist gemeinsam, daß Sie die Bewegungen langsam und nicht ruckartig ausführen. Dehnen Sie so weit, bis Sie ein leichtes Ziehen im Muskel verspüren. In dieser Position verharren Sie etwa 10 bis 20 Sekunden. Wiederholen Sie diesen Vorgang 2- bis 3mal. Dehnungsgymnastik nimmt immer Einfluß auf den Muskeltonus, deshalb sollten Sie vor Wettkämpfen oder intensiven Intervallbelastungen nur kurzzeitig passiv dehnen oder sehr vorsichtig in die Dehnposition hineinfedern, um den Muskeltonus nicht zu stark herabzusetzen.

Es ist sinnvoll, wenn Sie, bezogen auf den Körper, eine Reihenfolge der Übungen von ‹unten nach oben› oder von ‹oben nach unten› einhalten. Nach dem Dehnen einer Muskelgruppe (Agonisten) sollten Sie die jeweiligen Gegenspieler (Antagonisten) dehnen. Atmen Sie bei allen Übungen ruhig und gleichmäßig, und achten Sie auf eine korrekte Übungsausführung. Konzentrieren Sie sich stets auf die zu dehnende Muskelgruppe, um eine volle Wirksamkeit zu erzielen.

Übungen

Bein- und Hüftmuskulatur
Wadenmuskulatur (M. triceps surae)

Übung 1:
Schollenmuskel (M. soleus)
Beugen Sie in Schrittstellung das hintere
Bein im Kniegelenk so weit, daß die Ferse
gerade noch den Boden berührt.

Übung 2:
Zwillingswadenmuskel (M. gastrocnemius)
In Schrittstellung wird das hintere Bein im
Kniegelenk gestreckt, und lassen Sie dabei
die Ferse am Boden. Dann wird die Hüfte
nach vorn geschoben.

Schienbeinmuskulatur

Übung 3:
*Vorderer Schienbeinmuskel und langer
Zehenstrecker (M. tibialis anterior, M. ex-
tensor digitorum longus)*
Im Fersensitz stützen Sie sich mit den
Händen neben den Knien auf und heben
die Knie bei gestreckten Füßen vom
Boden ab.

Vordere Oberschenkelmuskulatur
(M. quadriceps femoris)

Übung 4:
In aufrechtem Einbeinstand greifen Sie
einen Fuß, wenn möglich mit beiden
Händen, und ziehen ihn langsam in
Richtung Gesäß. Das Becken muß durch
eine angespannte Gesäßmuskulatur
aufgerichtet und der Rumpf durch
Bauch- und Rückenmuskulatur stabili-
siert sein (keine Ausweichbewegung des
Beckens).

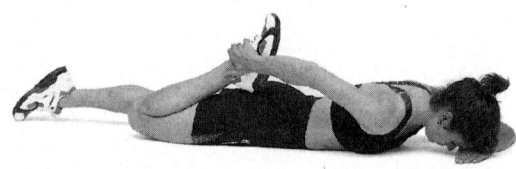

Alternativ: Greifen Sie in Bauchlage
einen Fuß mit den Händen, und
ziehen Sie ihn langsam in Richtung
Gesäß. Das Becken muß durch
Anspannen der Gesäßmuskulatur auf
der Unterlage fixiert werden. Vermeiden Sie ein Hohlkreuz.

Hintere Oberschenkelmuskulatur
(ischiocrurale Muskulatur)

Übung 5:
*Zweiköpfiger Schenkelmuskel
(M. biceps femoris), Halbsehnenmuskel (M. semitendi-
nosus), Plattsehnenmuskel (M. semimembranosus)*
«Setzen» Sie sich aus mittlerer Schrittstellung leicht
nach hinten ab, wobei das hintere Bein gebeugt und
das vordere gestreckt bleibt. Die Oberschenkel bleiben
nebeneinander. Nun den geraden Oberkörper durch
eine Kippung des Beckens nach vorn beugen. Um
jeweils andere Anteile der Ischiocruralmuskulatur zu
dehnen, können Sie den Fuß des gestreckten Beines
wahlweise etwas nach innen bzw. nach außen drehen.

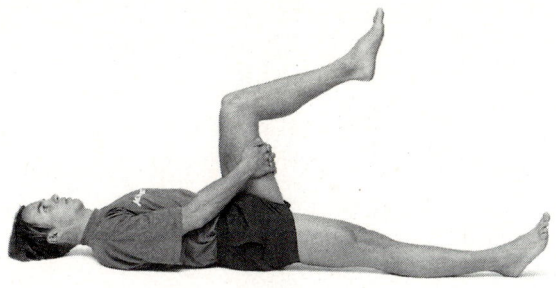

Alternativ aktiv statisches Dehnen:
Greifen Sie in Rückenlage ein Bein im Kniegelenk, und ziehen Sie es gebeugt mit den Händen zur Brust, wo Sie es fixieren. Anschließend versuchen Sie das Bein durch die Kraft des Kniestreckers (Gegenspieler) zu strecken. Dabei müssen Sie die Bauch- und Gesäßmuskulatur anspannen und die Lendenwirbelsäule auf den Boden drücken.

Hintere Hüftstreckmuskulatur

Übung 6:
Großer Gesäßmuskel
(M. glutaeus maximus)

In leicht gebeugtem Einbeinstand umgreifen Sie das Knie und ziehen es zur Brust. Dann strecken Sie das Standbein und richten das Becken und den Rumpf unter Anspannung von Bauch-, Rücken- und Gesäßmuskulatur aktiv auf.

Alternativ:
Dehnung der Gesäß- und Rückenmuskulatur: Im Strecksitz stellen Sie den rechten Fuß auf die Außenseite des linken Knies, umgreifen das rechte Knie mit den Händen und ziehen es in Richtung linke Schulter vor die Brust. Heben Sie das Brustbein an und richten Sie das Becken auf. Zur Dehnungsverstärkung können Sie das rechte Sitzbein etwas nach hinten schieben.

Dehnung der
vorderen Hüftbeugemuskulatur

Übung 7:
Lendendarmbeinmuskel (M. iliopsoas)
In weitem Ausfallschritt schieben Sie die Hüfte nach vorn unten, und fixieren Sie sie im tiefsten Punkt. Dann strecken Sie das hintere Bein langsam im Kniegelenk, wobei die Hüfte nicht nach oben ausweichen soll.

Innere Schenkelmuskulatur
(Adduktoren)

Übung 8:
Im Seitgrätschstand so in die
Hocke gehen, daß Sie ein
Bein zur Seite spreizen können. Damit Sie alle Adduktoren erreichen, wird in drei
Stellungen gedehnt: 1. Sie
stellen den Fuß des gestreckten Beines auf die Ferse, oder
2. Sie legen den Fuß auf die
Innenkante oder 3. auf den
Spann. Eine zusätzliche
Dehnungsverstärkung erreichen Sie, wenn Sie das ge-
beugte Bein mit dem Ellenbogen nach außen drücken.

Alternativ:
Setzen Sie sich in aufrechter Körperhaltung
auf den Boden (Brustbein anheben, Becken
aufrichten), und stellen Sie die Fußsohlen
aneinander, dann greifen Sie die Fersen von
unten und heben diese leicht an. Gleichzeitig drücken Sie mit den Ellenbogen die Knie
noch weiter nach außen.

Rumpf- und Halsmuskulatur
Rückenstrecker

Übung 9:

Gerader Rückenstrecker (M. erector spinae).

Aus dem aufrechten Stand rollen Sie den Oberkörper Wirbel für Wirbel ein. Lassen Sie dabei Kopf und Arme entspannt nach unten hängen. Zur Dehnungsverstärkung können Sie den Kopf dosiert in Richtung Hüfte ziehen.

Alternativ aktiv statisches Dehnen: Bei leicht gebeugten Beinen neigen Sie den Oberkörper mit geradem Rücken nach vorn. Dabei sollten Sie die Arme aktiv so weit nach vorn strecken, daß Arme, Kopf und Rücken eine Linie bilden.

Bauchmuskulatur

Übung 10:
Gerader Bauchmuskel
(M. rectus abdominis),
großer Brustmuskel
(M. pectoralis major).
In Rückenlage die Beine strecken und die Arme gestreckt über Kopf nehmen. Dann räkeln, recken und strecken Sie sich, wobei Sie das Brustbein nach hinten oben schieben.

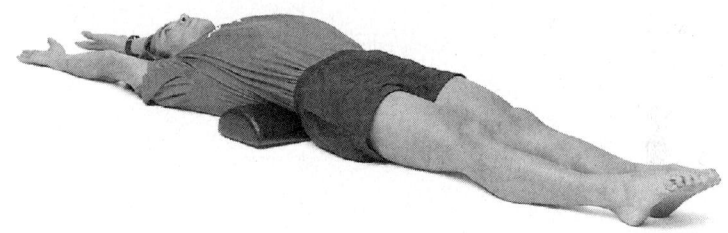

Seitliche Rumpfmuskulatur und Abduktoren

Übung 11:
Im Seitstand halten Sie die Arme gestreckt über den Kopf. Stellen Sie dann den rechten Fuß über Kreuz vor den linken Fuß, neigen den Rumpf so weit wie möglich nach rechts und drücken die Hüfte nach links. Dabei verlagern Sie das Körpergewicht auf das rechte Bein. Ein Nach-vorne-Kippen des Beckens sollte vermieden werden. Danach wechseln Sie die Seite: links vor rechts stellen, Oberkörper nach links neigen und Hüfte nach rechts rausschieben und das Gewicht aufs linke Bein verlagern.

Alternativ:

Rumpfverwringung. In Rückenlage legen Sie den linken Arm gestreckt im rechten Winkel neben den Körper. Dann stellen Sie das linke Bein auf und umfassen das linke Knie mit der rechten Hand. Zur Dehnung ziehen Sie nun das linke Knie nach rechts und drehen den Kopf nach links. Die Schultern sollten sich während der Verwringung nicht von der Unterlage abheben.

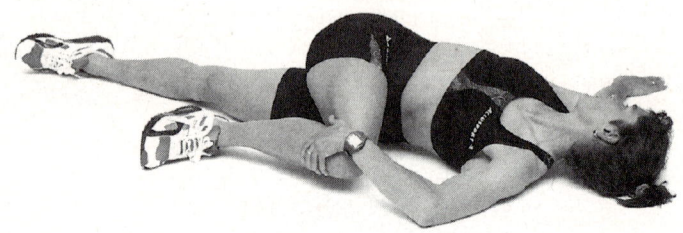

Halsmuskulatur

Übung 12:

Seitliche Halsmuskeln
Lassen Sie aus dem aufrechten Stand die Schultern entspannt nach unten hängen, neigen Sie dann den Kopf, ohne zu drehen, zur Seite. Sie können die Dehnung unterstützen, wenn Sie die Gegenschulter aktiv nach unten ziehen. Haben Sie den Kopf zur Seite geneigt, können Sie das Kinn zusätzlich nach oben drehen.

Hintere Halsmuskeln
Greifen Sie den Kopf halb schräg von hinten, und ziehen Sie den Kopf vorsichtig diagonal nach vorne unten. Auch jetzt können Sie wieder, um die Dehnung zu verstärken, die Gegenschulter nach unten ziehen.

Kopfwender
Drehen Sie den Kopf weit über die Schultern nach hinten.

Rumpfmuskulatur

Übung 13:
Gehen Sie in den Kniestand, und stützen Sie
sich mit den Händen dicht vor den Knien auf.
Dann spannen Sie das Gesäß an, legen das
Kinn auf die Brust und schieben die Brustwir-
belsäule rund nach oben (Katzenbuckel).
Danach nehmen Sie den Kopf ins Genick,
strecken das Gesäß heraus und lassen den
Rücken entspannt nach unten ‹durchhängen›.

Entspannungsübungen

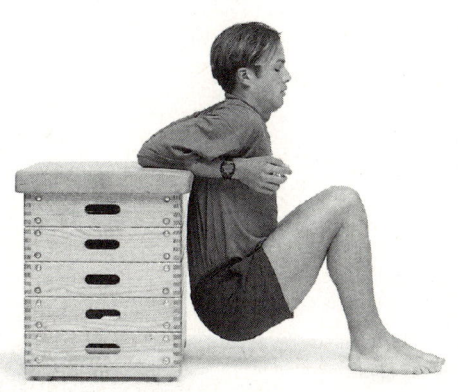

Übung 14:
Entlastung der Wirbelsäule
Hängen Sie sich an eine Reck-
stange.

Alternativ: Stützen Sie sich mit
den Ellenbogen auf einem
Stuhl oder ähnlichem ab und
lassen dann das Gesäß bei
gebeugten Beinen entspannt
nach unten hängen.

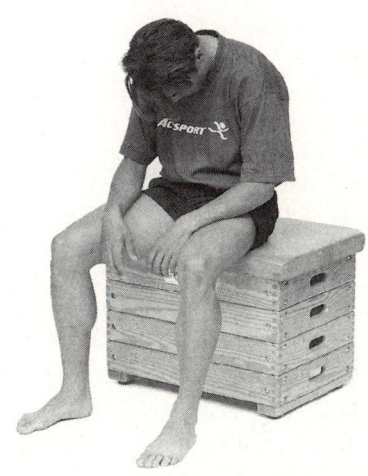

Übung 15:
Droschkenkutschersitz
Nehmen Sie eine entspannte
Sitzposition ein, und lassen Sie die
Arme und den Kopf locker hängen.

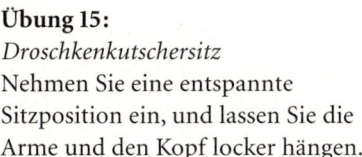

Übung 16:

Entspanntes Liegen

Legen Sie sich entspannt auf den Rücken, wobei Hände und Füße locker nach außen ‹fallen›. Zur besseren Entspannung können Sie die Augen schließen.

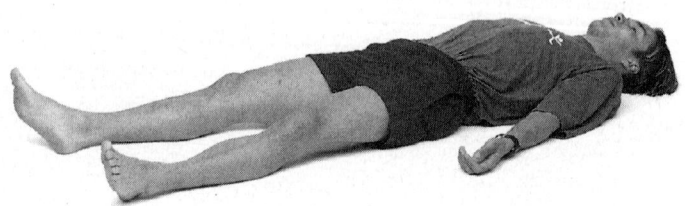

KRAFTTRAINING

Muskeleinsatz beim Laufen

Das Krafttraining ist ein fester Bestandteil des Lauftrainings. Es dient dem Leistungsaufbau, der Kompensation und Prävention von Verletzungen und beugt muskulären Dysbalancen vor. Es stellt für Läufer aller Leistungsklassen eine Leistungsreserve dar. Je höher die Leistungsfähigkeit eines Athleten ist, desto bedeutsamer wird das Krafttraining zur weiteren Leistungssteigerung.

Kraft ist eine konditionelle Fähigkeit und wird für alle Bewegungen benötigt. Sie tritt in den Formen der Maximalkraft, der Schnellkraft, der Reaktivkraft und der Kraftausdauer auf. Die **Maximalkraft** ist die höchstmögliche Kraft, die das Nerv-Muskel-System willkürlich entwickeln kann, und zugleich die Basis für die anderen Erscheinungsformen der Kraft.

Die **Schnellkraft** als Fähigkeit, mittlere bis hohe Widerstände in maximaler Geschwindigkeit zu überwinden, ist für den Freizeitläufer von geringerer Bedeutung. Der Volks- oder Marathonläufer kann mit guter Schnellkraft kurzfristig Temposteigerungen einleiten oder Anstiege bewältigen. Die Schnellkraft ist stark abhängig von der Maximalkraft.

Die **Reaktivkraft** ist jene Kraft, bei der eine abbremsende (exzentrische) Bewegung in kürzester Zeit in eine beschleunigende (konzentrische) Bewegung umgesetzt wird. Diese Kraftform ist für den Langstreckenläufer nicht leistungsrelevant.

Die für Sie wichtigste Kraftfähigkeit ist die **Kraftausdauer**, definiert als Ermüdungswiderstandsfähigkeit der Muskulatur bei lang andauernden Belastungen, bei denen der Krafteinsatz 30 Prozent der Maximalkraft übersteigt. Die leistungsbestimmenden Komponenten der Kraftausdauer sind demzufolge die Maximalkraft und die Ausdauer.

Das Ziel des Krafttrainings ist es nicht, eine maximale Kraftausdauer zu erwerben, sondern eine optimale Kraftausdauer, die sich an den spezifischen Anforderungen des Laufens und den konstitutionellen Voraussetzungen des Läufers orientiert. Das laufspezifische Kraftausdauertraining ist von daher in erster Linie ein aerobes und anaerobes Ausdauertraining gegen mittlere Widerstände (Berg- und Strandläufe, Läufe mit Zusatzgewichten usw.). Sie können die Kraftausdauerfähigkeit auch durch ein Training an Geräten wirkungsvoll verbessern.

Bedenken Sie aber bitte, daß ein zu hoher Anteil an Maximalkraft sich negativ auf die Ausdauerleistungsfähigkeit auswirken kann. Nimmt beispielsweise der Muskelquerschnitt durch Krafttraining stark zu, kann dies zu einem ungünstigen Last-Kraft-Verhältnis, einer Einschränkung der Beweglichkeit, einer verschlechterten Bewegungskoordination und in der Folge zur schlechteren Ausdauerleistungsfähigkeit führen.

Um die Kraftfähigkeiten zu erhöhen, stehen Ihnen prinzipiell zwei Möglichkeiten zur Verfügung:

1. Vergrößerung des **Muskelquerschnitts (MQ-Training)**: Hierbei wird über den Eiweißanbau eine Dickenzunahme der einzelnen Muskelfasern erreicht. Ein dicker Muskel kann zwar eine höhere Kraftleistung im Einzelzyklus entfalten, die maximale aerobe Stoffwechselrate nimmt jedoch ab, d. h., der kräftige Muskel ist nicht mehr so ausdauernd.

2. Verbesserung der **inter- bzw. intramuskulären Koordination (IK-Training)**, d. h., Sie sind in der Lage, möglichst viele Muskelfasern synchron an einer Kontraktion zu beteiligen.

Die Graphik verdeutlicht die unterschiedliche Wirkung eines IK- und MQ-Trainings. Sie sehen, daß der Untrainierte trotz großer Anstrengung nur etwa 65 Prozent seiner Fasern an der Kontraktion beteiligen kann, kann ein auf Kraft trainierter Sportler bis zu 95 Prozent seiner Fasern einsetzen. Eine weitere Erhöhung der Kraftfähigkeit kann durch ein aufbauendes MQ-Training erzielt werden. Dabei nimmt der Querschnitt der einzelnen Fasern zu.

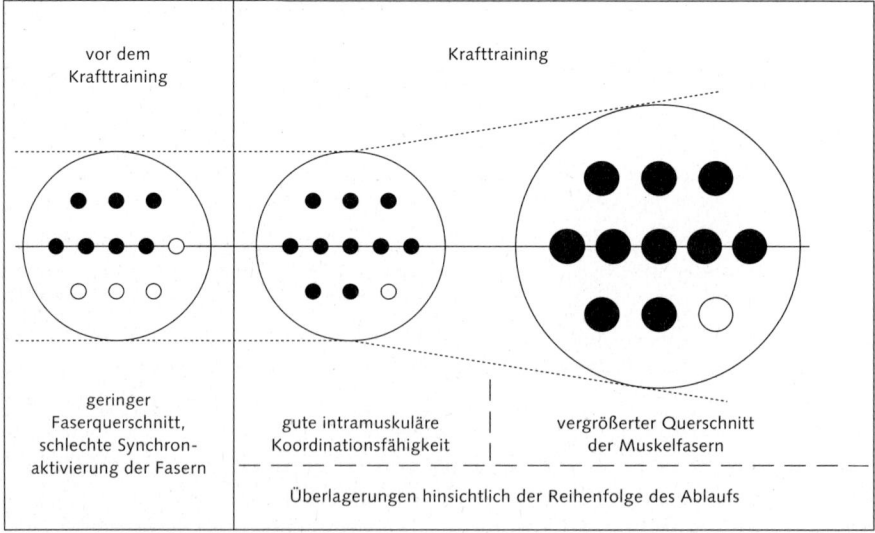

Wirkungen des IK- und MQ-Trainings. Schwarze Punkte stehen für kontrahierte Muskelfasern (nach Frey / Hildenbrandt 1994).

Die Ansprechbarkeit der Muskulatur auf Krafttrainingsreize ist bei jedem Sportler anders und hängt u. a. von der Muskelfaserverteilung (Anteil an schnell und langsam kontrahierenden Fasern) oder dem hormonellen Status des Sportlers ab. So reagiert der eine auf ein Muskelaufbautraining mit einer starken Hypertrophie (Muskeldickenwachstum), der andere hingegen bei vergleichbarem Training mit einer geringeren.

Muskelaktivität beim Laufen

Das spezielle Krafttraining muß sich an der Aktivität der Muskulatur beim Laufen orientieren. Die Abbildung zeigt die während der Laufbewegung hauptsächlich beteiligten Muskelgruppen. Für Sie als Läufer ist das Training der vortriebswirksamen Beinmuskulatur besonders wichtig. Daneben sollten Sie Wert legen auf die Ausprägung einer kräftigen Rumpf- und Beckengürtelmuskulatur, um eine optimale Bewegungskopplung und Streckung im Hüftgelenk während des Laufzyklus zu gewährleisten. Dies ist die Basis für eine gute Lauftechnik. Eine kräftige Ganzkörpermuskulatur trägt zudem während der ganzen Saison zu einer stabilen Leistungsfähigkeit bei.

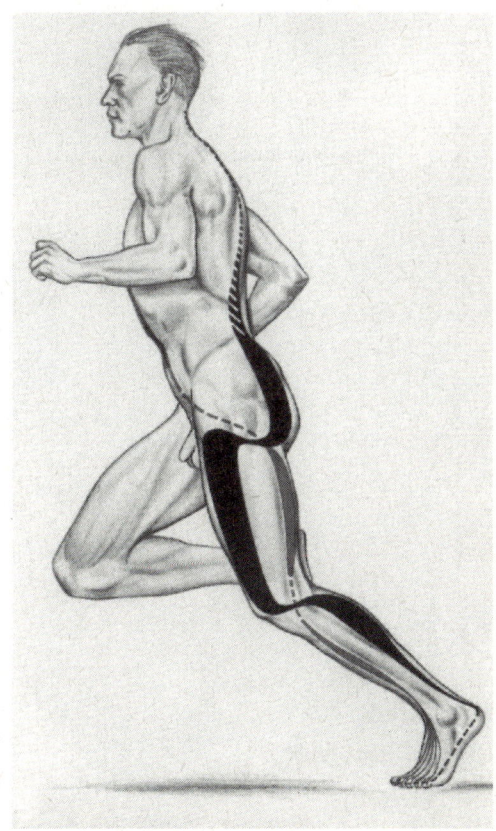

Muskelschlingen beim Langstreckenläufer (Tittel, Beschreibende und funktionelle Anatomie des Menschen, 1990). Streckschlinge: Wadenmuskulatur (M. triceps surae), vordere Oberschenkelmuskulatur (M. quadriceps femoris), großer Gesäßmuskel (M. glutaeus maximus); Beugeschlinge: Vordere Schienbeinmuskulatur (M. tibialis anterior), hintere Oberschenkelmuskulatur (Mm ischiocruralis), Hüftbeugemuskulatur (M. iliopsoas).

Kraftübungen

Bei der Ausführung der Übungen ist die Arbeitsweise der Muskulatur unterschiedlich. Der Muskel arbeitet:

- *dynamisch konzentrisch* (überwindend), wenn z. B. der vordere Oberschenkelmuskel (M. quadriceps femoris) bei der Kniebeuge (Übung 9, S. 134) das Gewicht durch eine Kniestreckung nach oben drückt,
- *dynamisch exzentrisch* (nachgebend), wenn z. B. der vordere Oberschenkelmuskel (M. quadriceps femoris) bei der Kniebeuge (Übung 9, S. 134) das Gewicht wieder langsam und dosiert in die Beugestellung zurückführt, und
- *statisch isometrisch* (haltend), wenn keine überwindende und nachgebende Arbeit geleistet wird (Übungen zur Rumpfkräftigung).

Die Beinkraft wird überwiegend dynamisch konzentrisch und dynamisch exzentrisch entwickelt, die Rumpfkraft dagegen statisch isometrisch. Im folgenden stellen wir Ihnen die wichtigsten Übungen für das Krafttraining des Läufers vor:

Beinkrafttraining

Übung 1:
Zehengreifen und Balancieren
(Fuß- und Zehenmuskulatur)
Greifübungen: Greifen Sie mit den Zehen einen Bleistift, ein Handtuch oder ähnliches. Balanceübungen: Stehen Sie barfuß im Einbeinstand auf weichem Untergrund (z. B. Sand oder Weichbodenmatte) und halten Sie die Balance. Schwieriger wird die Übung, wenn Sie in den Zehenstand gehen oder die Augen schließen.

Übung 2:

Fußstreckung (Plantarflexion)
(Wadenmuskulatur / M. triceps surae)
Stellen Sie sich mit den Fußballen
auf einen Absatz (Treppenstufe oder
ähnliches), und senken Sie die Fersen
langsam nach unten ab. Drücken Sie
sich dann explosiv in den (Hoch-)
Zehenstand. Damit Sie das Gleichgewicht besser halten können, suchen
Sie sich etwas zum Festhalten.
Variationen:
Üben Sie einbeinig oder mit Zusatzgewichten wie Gymnastik-Sandsack,
Gewichtsweste, Lang- oder Kurzhan-
tel.

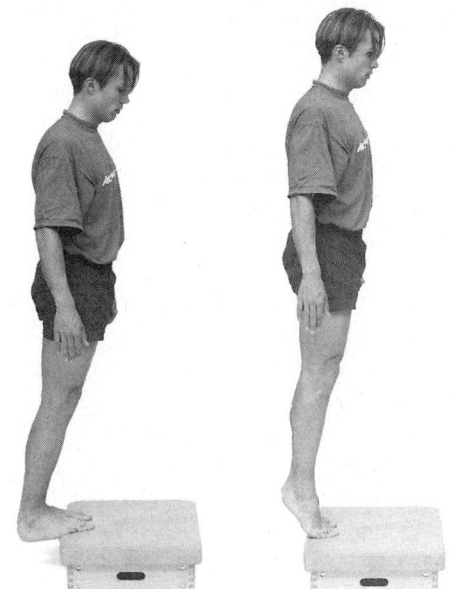

Übung 3:

Fußbeugung (Dorsalflexion) *(Schienbeinmuskulatur / M. tibialis anterior)*
Setzen Sie sich auf einen Stuhl und legen vorsichtig eine Hantelscheibe als Wider-
stand auf die Fußspitze. Dann beugen Sie das Fußgelenk in Richtung Schienbein.
Variation:
Sie können auch im Strecksitz am Boden ein Zugseil / Deuserband / Theraband in
Höhe der Zehengrundgelenke unter Spannung fixieren. Beugen und strecken Sie im
Wechsel das Fußgelenk.

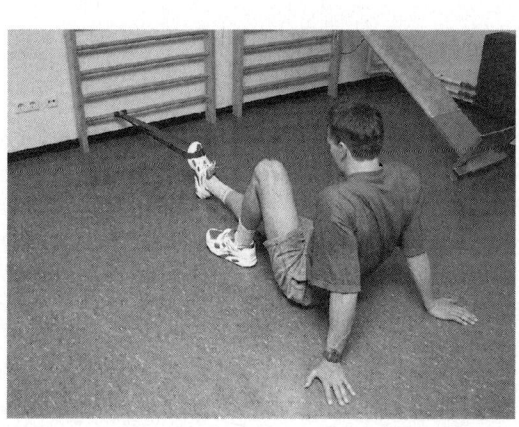
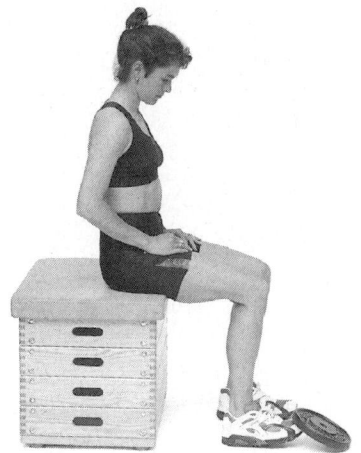

Übung 4:
Kniestrecken am Beincurl
(Vordere Oberschenkelmuskulatur / M. quadriceps femoris)

Isolierte Kniestreckübung am Beincurlgerät. Achten Sie darauf, daß die
Kniekehle direkt vorn an der Sitz-
fläche anliegt, sich also die Drehpunkte von Gerät und Knie decken.
In der Ausgangsstellung bilden Oberschenkel und Kniegelenk etwa einen
90-Grad-Winkel. Strecken Sie zügig
Ihr Kniegelenk bis in die Waagerechte, und führen Sie danach das Gewicht langsam, kontrolliert und unter
Muskelspannung in die Ausgangsstellung zurück.
Variation: Einbeinige Ausführung.

Übung 5:
Kniebeugen am Beincurl

*(Hintere Schenkelmuskulatur / Mm.
ischiocruralis)*

Legen Sie sich mit dem Bauch so auf
das Beincurlgerät, daß der obere Rand
der Kniescheibe vorn an der Auflage-
fläche anliegt, sich also Drehpunkt
von Kniegelenk und Gerät decken.
Beim Beugen des Unterschenkels
müssen Sie die Hüfte aktiv auf der
Unterlage fixieren (keine Hohlkreuzhaltung!). Beugen Sie zügig die Unterschenkel in Richtung Gesäß, und
führen Sie in der Entspannungsphase
die Last langsam, kontrolliert und
unter Muskelspannung bis zu einer
leichten Beugestellung im Kniegelenk
zurück.
Variation: Einbeinige Ausführung.

Übung 6:
Beinstrecken in der liegenden Beinpresse
(Beinstrecker / M. quadriceps femoris)

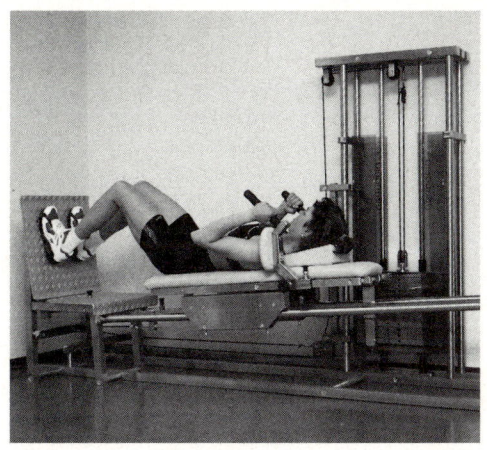

Vor der Übung müssen Sie die Beinpresse so einstellen, daß das Kniegelenk in der Ausgangsposition etwa rechtwinklig gebeugt ist. Während der zügigen Streckung der Beine können Sie bei niedrigen Gewichten den Fuß zusätzlich auf die Zehen stellen. Achten Sie in der Endstellung darauf, daß es zu keiner vollständigen Streckung im Kniegelenk kommt (Verletzungsgefahr der Kreuzbänder). Danach führen Sie das Gewicht langsam und kontrolliert in die Ausgangsstellung zurück.

Übung 7:
Hüftstrecken an der Kraftmaschine
*(Hüftstrecker / M. glutaeus,
Mm. ischiocruralis)*

Bei dieser Übung müssen Sie einen Widerstand im Bereich der unteren Wade fixieren. Dann das gestreckte Bein langsam bis zur vollständigen Streckung in der Hüfte nach hinten führen. Bei einer zügig-schwungvollen Ausführung besteht die Gefahr einer Überstreckung im Bereich der Lendenwirbelsäule. Eine stabile Rumpfposition können Sie durch Festhalten unterstützen. Diese Übung können Sie auch mit einem Zugseil / Deuserband / Theraband ausführen.

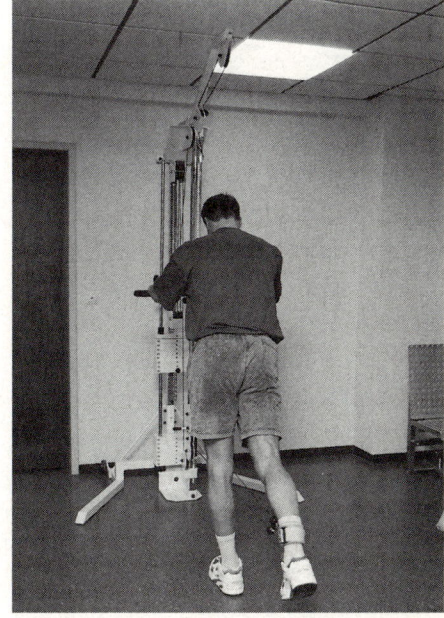

Übung 8:
Steigeskippings auf der Bank
(Beinstreckschlinge und Hüftbeuger)
Stellen Sie den rechten Fuß auf einen Kasten
oder ähnliches, und drücken Sie sich kräftig
nach oben in die Streckung. Das linke Bein
wird als Schwungbein mit hohem Kniehub
nach oben geführt und im Anschluß wieder
unten abgesetzt. Die Arme werden gegen-
gleich zu den Beinen geschwungen. Führen
Sie diese Übung erst mehrmals mit dem einen
dann mit dem anderen Bein aus. Zusatzge-
wichte (Gewichtsweste, Kurzhanteln) sollten
erst zum Einsatz kommen, wenn der Bewe-
gungsablauf sicher beherrscht wird.

Übung 9:
Kniebeuge mit der Langhantel
(Streck- und Beugeschlinge)
Für diese Übung brauchen Sie Erfahrung und
eine starke Rumpfkraft. Ausgangsstellung: In
schulterbreitem Stand drehen Sie die Füße leicht
nach außen. Zur Entlastung der Achillessehne
sollte ein Keil unter den Fersen liegen. Dann
gehen Sie langsam und kontrolliert unter Muskelspannung in die Hocke. Dabei die Fersen
nicht abheben. Je nach Leistungsfähigkeit und
Erfahrung mit der Übung können Sie den
Kniewinkel variieren. Bei der halben Kniebeuge
beträgt der Kniewinkel etwa 90 Grad, bei einem
kleineren Kniewinkel spricht man von tiefer

Kniebeuge mit hohen Belastungen auf die Patellarsehne. Beachten Sie unbedingt,
daß die Knie exakt über den Zehen nach vorn gebeugt werden und daß der Rücken
während des gesamten Übungsverlaufes gerade gehalten wird. Aus der Beugestellung
strecken Sie zügig die Beine.

Übung 10:
Beinanziehen (Adduktoren)
Spreizen Sie ein Bein seitlich ab und führen es dann gegen einen Widerstand (Deuser- oder Theraband) zügig an das Standbein heran. Stabilisieren Sie die Hüfte und vermeiden Sie Ausgleichsbewegungen. Diese Übung können Sie auch mit einem Krafttrainingsgerät durchführen.

Übung 11:
Beinabspreizen (Abduktoren)
Spreizen Sie ein Bein bis etwa 45 Grad seitlich gegen einen Widerstand (Deuser- oder Theraband) ab. Sie müssen das Standbein, die Hüfte und den Rumpf stabilisieren, um Ausgleichsbewegungen zu vermeiden. Auch diese Übung können Sie an einem Krafttrainingsgerät durchführen.

Übung 12:
Klimmzüge (Rücken, Schulter, Armmuskulatur)
Klimmzüge sollten Sie frei hängend mit Ganzkörperspannung ausführen. Die Unterschenkel können gegebenenfalls angebeugt und überkreuzt werden. Im Ristgriff (Handflächen zeigen vom Körper weg) ziehen Sie sich bis in Kinnhöhe nach oben.
Variation: Klimmzüge können in unterschiedlich breiten Griffhaltungen ausgeführt werden. Eine enge Griffhaltung kräftigt vor allem die Arme, ein weiter Griff vor allem den Trapezius.
Variation: Klimmzüge im Kammgriff (Handflächen zeigen zum Körper) ausführen.

Übung 13:
Armbeugen beim Bankziehen:
(Armbeuge- und Schultergürtelmuskulatur)
Legen Sie sich bäuchlings so auf
eine Bank, daß Sie eine Langhantel-
stange mit gestreckten Armen
schulterbreit greifen können.
Beugen Sie dann die Unterschenkel
an, und fixieren Sie die Hüfte auf
der Unterlage, indem das Gesäß
angespannt wird. Halten Sie den
Kopf in Verlängerung der Wirbelsäule; die Nasenspitze zeigt nach
unten. Das Gewicht während des
Ausatmens bis unter die Bank
ziehen. Dann das Gewicht langsam,
kontrolliert unter Muskelspannung
wieder nach unten absenken.

Übung 14:

Armstrecken beim Bankdrücken

(Schulter-, Brustmuskulatur, Arm-strecker)

Legen Sie sich rücklings auf eine
Bank (vorzugsweise eine Hantelbank
mit Auflagevorrichtung für die
Hantelstange). Heben Sie die Beine
rechtwinklig an, oder stellen Sie die
Füße auf eine am Fußende quer-
gestellte Bank seitlich auf. So werden
unphysiologische Belastungen im
Bereich der Lendenwirbelsäule
vermieden. Dann senken Sie das
Gewicht langsam, kontrolliert unter
Muskelspannung bis zur Brust ab.
Nach einer kurzen Pause (< 0,5 s)
drücken Sie das Gewicht bei gleich-
zeitiger Ausatmung zügig nach oben,
wobei das Ellenbogengelenk nicht
ganz durchgestreckt wird.

Variation: Übung mit Kurzhanteln
ausführen.

Rumpfkrafttraining

Die Rumpfmuskulatur hat für das Laufen folgende Funktionen zu erfüllen:

- Widerlagerfunktion, d. h., die Rumpfmuskulatur stabilisiert das Becken im Laufzyklus, um Ausweichbewegungen zu reduzieren.
- Kraftübertragungs- und Kopplungsfunktion, d. h., die Rumpfmuskulatur koppelt
und überträgt die in den Beinen entwickelte Kraft über Muskelschlingen vortriebs-
wirksam.
- Schutzfunktion, d. h., eine kräftige Rumpfmuskulatur entlastet das passive Bewegungssystem, insbesondere die Wirbelsäule, und schützt im Sinne eines Muskelkor-
setts vor Fehl- und Überbeanspruchungen. Eine chronische Fehlbelastung der Wirbelsäule kann eine ganze Reihe von Beschwerdebildern wie Verspannungen und
Verhärtungen der Muskulatur, Ischiasbeschwerden etc. hervorrufen.

Ihre Rumpfmuskulatur muß so kräftig und ermüdungswiderstandsfähig sein, daß sie
die genannten Aufgaben und Funktionen über die gesamte Belastungsdauer einer
Trainingseinheit oder eines Wettkampfes wahrnehmen kann. Kräftigungsübungen
sollten Sie deshalb ganzjährig in Ihr Training integrieren.

   Im folgenden stellen wir Ihnen Kräftigungsübungen vor, die die besonderen Anforderungen beim Laufen berücksichtigen. Diese Übungen können vor und nach ei-

ner Trainingseinheit durchgeführt werden. Bei allen Übungen ist eine achsengerechte Belastung der Wirbelsäule sicherzustellen. Die Übungen werden statisch isometrisch (haltend) ausgeführt, d. h., die Spannung im Muskel nimmt bei der Kontraktion zu, während die Länge des Muskels unverändert bleibt. Die Dauer der Kontraktion beträgt maximal 60 Sekunden bzw. nur so lange, wie Sie die korrekte Position halten können. Nach einer kurzen Entspannung werden die Übungen 3- bis 6mal wiederholt. In den ersten Wochen eines Rumpfkrafttrainings sollte der Schwerpunkt auf der Beuge- und Streckmuskulatur von Bauch und Rücken liegen. Erst danach werden Kraftübungen zur Kreuzkoordination in das Übungsprogramm aufgenommen. Verfügen Sie über eine gute Rumpfkraft, können Sie auch koordinativ anspruchsvolle dynamische Übungen in Ihr Programm aufnehmen. Der Schwierigkeitsgrad der gewählten Übung darf maximal so hoch sein, daß immer eine korrekte Bewegungsausführung und Haltung sichergestellt sind.

Übung 15:
Gerade Bauchmuskulatur
Legen Sie sich auf den Rücken, und stellen Sie die Füße auf. Fixieren Sie die Lendenwirbelsäule durch Anspannung der Bauchmuskulatur auf den Boden, und ziehen Sie die Schulterblätter nach unten. Heben Sie erst die gebeugten Beine, dann Kopf und Schultern vom Boden ab.

Variation:
Den Oberkörper am Boden fixieren und die Hüfte ohne Schwungbewegung der Beine vom Boden abheben.

Übung 16:

Schräge Bauchmuskulatur
Ausgangsstellung wie bei der Übung für
die geraden Bauchmuskeln. Schieben Sie
die gestreckten Arme an einer Seite des
Oberschenkels vorbei, oder drücken Sie
mit der linken Hand kräftig gegen das
rechte Knie und umgekehrt.

Übung 17:

*Seitliche Rumpf-
muskulatur*
Heben Sie in Seitlage
und Unterarmstütz die
Hüfte so weit vom
Boden ab, daß der
Körper durch Anspan-
nung der Rumpf-,
Gesäß- und Beinmusku-
latur eine Gerade bildet.
Füße anziehen und auf
den äußeren Rand des
unteren Fußes stützen.

Variation:
Das obere oder untere
Bein gestreckt absprei-
zen.

Übung 18:

Rücken- und Hüftstrecker
Legen Sie sich mit gestreckten Armen und Beinen auf den Boden. Heben Sie die
gestreckten Beine oder den in Verlängerung der Wirbelsäule gehaltenen Kopf und die
Arme wenige Zentimeter vom Boden ab. Halten Sie die Spannung für mehrere
Sekunden!

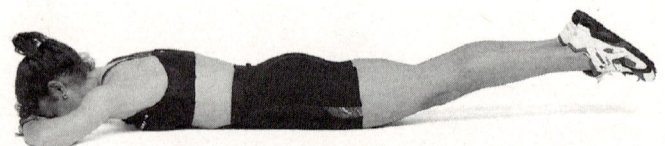

Variation:

Heben Sie diagonal linken Arm und rechtes Bein vom Boden ab. Durch Anspannung der Gesäßmuskulatur müssen Sie die Hüfte auf der Unterlage fixieren.

Übung 19:

Rumpfmuskulatur und Hüftstreckmuskulatur
Legen Sie sich auf den Rücken und stützen Sie sich auf die Unterarme. Schieben Sie das Brustbein nach oben, spannen Sie das Gesäß an, und heben Sie den Körper so weit vom Boden ab, daß er eine Gerade bildet.

Variation:

Während der Ganzkörperspannung rechtes und linkes Bein im Wechsel wenige Zentimeter vom Boden abheben.

Übung 20:

Rumpfmuskulatur und Hüftstreckmuskulatur
In Bauchlage die Zehen auf den Boden stellen und aus dem Unterarmstütz das Becken so weit vom Boden abheben, bis der Körper

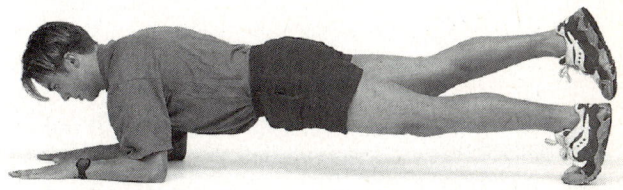

gestreckt ist. Heben Sie dann wechselseitig das rechte und das linke Bein wenige Zentimeter vom Boden ab.

Variation:

Diagonal rechten Arm, linkes Bein und umgekehrt vom Boden abheben.

Übung 21:

Rücken- und Gesäßmuskulatur

Legen Sie sich mit dem Oberkörper
auf einen Kasten oder eine Bank, und
halten Sie sich mit den Händen fest.
Dann werden die Beine nach hinten
oben bis in die Horizontale gestreckt.
Ziehen Sie die Füße an, und achten Sie
darauf, daß der Rücken nicht über-
streckt ist.

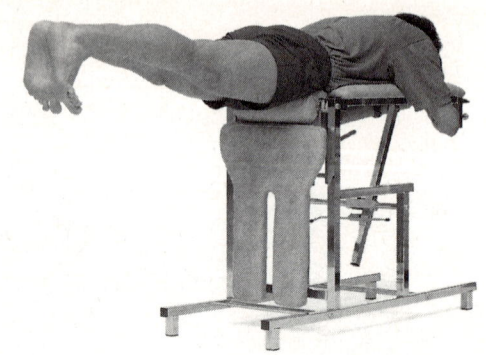

Variation:

Wechselseitig rechtes und linkes
Bein nach hinten strecken.

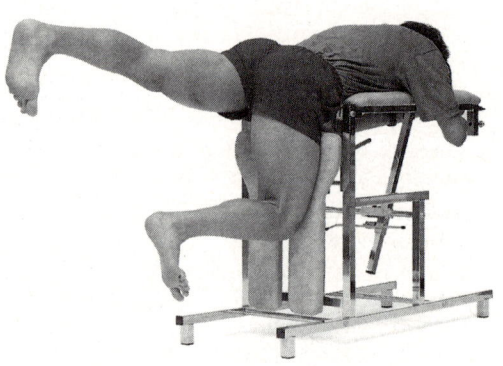

Übung 22:

Hintere Schenkel-, Gesäß- und Rückenmuskulatur

Bäuchlings Becken und Beine auf einen Kasten legen. Die Füße / Unterschenkel
fixieren, eventuell von einem Partner festhalten lassen. Rollen Sie dann den nach
unten hängenden Oberkörper Wirbel für Wirbel bis in die Waagerechte auf. Halten
Sie den Kopf in Verlängerung der Wirbelsäule, d. h., die Nasenspitze zeigt nach
unten. Überstrecken Sie nicht den
Rücken. Die Arme werden in U-Halte
(die Arme rechtwinklig im Ellbogengelenk gebeugt) seitlich neben dem
Körper gehalten. Drücken Sie die
Schulterblätter zusammen. Zusätzlich
kann man den Rumpf langsam und
kontrolliert um seine Längsachse
(Wirbelsäule) rotieren. Bei gut ent-
wickelter Rumpfkraft können Sie die
Belastung durch leichte Zusatzge-
wichte, die in den Händen gehalten
werden, erhöhen.

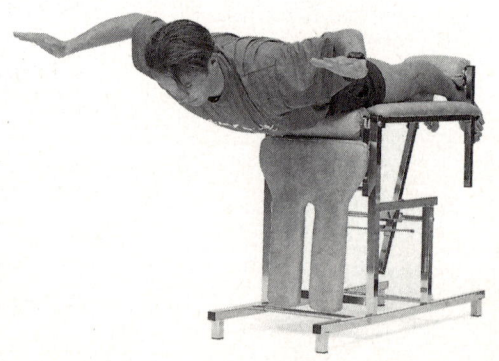

Übung 23:

Rückenmuskulatur

Setzen Sie sich mit gestreck-
ten Beinen auf den Boden,
und nehmen Sie die Arme in
Hochhalte. Heben Sie das
Brustbein an und versuchen
Sie das Becken aufzurichten
(Becken nach vorn kippen).
Bei gleichmäßiger Atmung
halten Sie die Spannung.

Übung 24:

Ganzkörperspannung

Bauen Sie in Rückenlage eine Ganzkörperspannung auf, indem Sie die Zehen gegen
den Widerstand eines Partners nach unten drücken.

Übung 25:
Rücken- und Gesäßmuskulatur

Gehen Sie in die Bankstellung und
strecken Sie rechten Arm und linkes
Bein horizontal aus. Halten Sie bei
fixiertem Becken die Spannung!
Zur Entspannung bzw. Dehnung
führen Sie Knie und Kinn zusammen und drücken den Rücken rund
nach oben.

Übung 26:
Rücken- und Schultergürtelmuskulatur
Aus der Bankstellung stützen Sie sich mit den Händen so weit vorn auf, daß Arme
und Rücken eine Linie bilden. Heben Sie dann wechselseitig eine Hand wenige
Zentimeter vom Boden ab.

Krafttrainingsprogramme

Für das Krafttraining an Geräten empfehlen wir ein Kraftausdauertraining und ein Muskelaufbautraining. Das Kraftausdauertraining wenden Sie als kreislaufbelastendes Gewöhnungstraining zu Beginn der allgemeinen Vorbereitungsperiode an und später als semispezifisches Kraftausdauertraining mit geringen Gewichten und hohen Wiederholungszahlen. Das Muskelaufbautraining, als Mischform des Muskelquerschnittstrainings (IQ) und des intra- und intermuskulären Koordinationstrainings (IK), wenden Sie im Wechsel mit dem Kraftausdauertrainingsblock an, um die Reizwirksamkeit des Gerätetrainings zu erhöhen. Zum Muskelaufbau wählen Sie eine Last, die Sie pro Serie etwa 8- bis 15mal zügig unter Beibehaltung der optimalen Bewegungsamplitude und ohne Ausweichbewegungen bewegen können. Die Last kann bei Anfängern etwa 50 Prozent und bei Fortgeschrittenen bis maximal 85 Prozent der Maximalkraft betragen. Zur Entspannung der Muskulatur kann das Gewicht nach jedem Bewegungszyklus kurzzeitig ($< 0,5\,s$) abgesetzt werden. Ein reines intra- und interkoordinatives Krafttraining mit einer Belastungshöhe über 85 Prozent und etwa 1 bis 8 Wiederholungen pro Satz sollte, wenn überhaupt, nur der im Krafttraining sehr Geübte durchführen.

Auf einen Maximalkrafttest können Sie verzichten. Die optimale Last läßt sich nicht nur aus dem maximalen Krafteinsatz, sondern auch anhand der Wiederholungen bei einer bestimmten Last ermitteln. Beim Anfänger geht man davon aus, daß bei zehn möglichen Wiederholungen in der letzten Serie eine Intensität von 50 Prozent zur Maximalleistung vorliegt. Jede Wiederholung weniger bedeutet eine etwa 5prozentige Intensitätssteigerung.

Für das Krafttraining stellen wir Ihnen vier Trainingsprogramme vor:

KT$_1$: **Kreis- bzw. Circuittraining für die allgemeine Fitneß und Kraftausdauer**
Durchlaufen Sie diesen Parcours mit 8 bis 10 Stationen mehrmals. An jeder Station üben Sie anfangs 30 Sekunden und nach der Eingewöhnungsphase bis zu 2 Minuten mit einer Last, die etwa 30 bis 50 Prozent Ihrer Maximalkraft entspricht. Die Pause nach jeder Übung beträgt maximal 60 Sekunden, nach jeder durchlaufenen Runde etwa 5 Minuten. Zur Gewöhnung an das Krafttraining sind zwei Durchgänge ausreichend.
Übungsbeispiel: 15, 18, 8, 5, 17, 19, 13, 14, 2, 3

KT$_2$: **Stationstraining für die Kraftausdauer**
Je nach Zielsetzung können Sie an bis zu 8 Stationen trainieren. Im Unterschied zum Kreistraining führen Sie an einer Station erst alle Sätze aus, bevor Sie zur nächsten Station wechseln. Bei 3 bis 8 Sätzen sollten Sie das Gewicht so wählen, daß Sie mindestens 20 Wiederholungen bei zügiger Bewegungsausführung realisieren können. Dies entspricht etwa 30 bis 50 Prozent Ihrer Maximalkraft. Die Satzpause beträgt 2 bis 3 Minuten.

Trainingsbeispiel:

Station 1:   Übung 8:   Steigeskippings auf der Bank
Station 2:   Übung 15: Gerade Bauchmuskulatur
Station 3:   Übung 9:   Kniebeuge mit der Langhantel
Station 4:   Übung 21: Rücken- und Gesäßmuskulatur
Station 5:   Übung 6:   Beinstrecken in der liegenden Beinpresse
Station 6:   Übung 17: Seitliche Rumpfmuskulatur
Station 7:   Übung 5:   Kniebeugen am Beincurl
Station 8:   Übung 25: Rücken- und Gesäßmuskulatur
Station 9:   Übung 2:   Fußstreckung
Station 10: Übung 3:   Fußbeugung

KT$_3$: Stationstraining für den Muskelaufbau

Vor dem speziellen Muskelaufbautraining für die Beine sollten Sie die Rumpfmuskulatur kräftigen (z. B.):

Übung 15: Gerade Bauchmuskulatur
Übung 21: Rücken- und Gesäßmuskulatur
Übung 22: Ischiocrural-, Gesäß- und Rückenmuskulatur.

Das Muskelaufbautraining wird nach der gleichen Organisationsform wie das
KT$_2$-Training durchgeführt. Sie erhöhen jedoch das Gewicht auf 65 bis 85 Prozent Ihrer Maximalkraft und reduzieren die Anzahl der Wiederholungen auf
8 bis 15 bei zügiger Bewegungsausführung. Pro Station trainieren Sie eine Muskelgruppe 3- bis 6mal, wobei Sie die Pausenzeit auf 3 bis 5 Minuten verlän-
gern. Als Übungsreihenfolge schlagen wir Ihnen vor, mit den mehrgelenkigen
Übungen zu beginnen. Mit Übung 8 wird zusätzlich der ganze Körper aufge-
wärmt.

Trainingsbeispiel:

Station 1:   Übung 8:   Hüft- und Beinstrecken als Steigeskipping
Station 2:   Übung 9:   Kniebeuge mit der Langhantel
Station 3:   Übung 6:   Beinstrecken in der liegenden Beinpresse
Station 4:   Übung 5:   Kniebeugen am Beincurl
Station 5:   Übung 2:   Fußstreckung
Station 6:   Übung 3:   Fußbeugung

Hinweise für die Trainingspraxis

Für das Krafttraining an Geräten sollten Sie einige wichtige Punkte beachten:
• Jede Krafttrainingseinheit an Geräten beginnen Sie am besten mit einer allgemeinen
  Erwärmung, einer Dehnungsgymnastik sowie Übungen zur Rumpfkräftigung.
  Nach dem Krafttraining können Sie die beanspruchten Muskelgruppen dehnen.

- Die Kraftgeräte sind auf die Körperproportionen so einzustellen, daß die Drehpunkte der Geräte mit denen der Körpergelenke übereinstimmen.
- Machen Sie sich durch Gewöhnungs- und Imitationsübungen mit leichten Gewichten mit den Geräten und Techniken vertraut.
- Achten Sie immer darauf, daß Sie die Übungen achsengerecht ausführen, d. h., daß Sie die Gelenke nur in ihrer funktionellen Bewegungsrichtung belasten. Bsp.: Bei der Kniebeuge mit der Langhantel dürfen beim Beugen der Beine die Knie nicht nach innen oder außen ausweichen, sondern müssen exakt über die Zehen nach vorn gebeugt werden.
- Vermeiden Sie maximale Gelenkendstellungen (Knie- oder Ellbogengelenke nicht durchstrecken).
- Vermeiden Sie eine Rundrücken- oder Hohlkreuzhaltung. Entlasten Sie stets die Wirbelsäule, d. h., trainieren Sie nach Möglichkeit mit geradem Rücken unter aktiver Anspannung der Bauch-, Gesäß- und Rückenmuskulatur.
- Gerätetraining sollten Sie mit einem Partner durchführen. Der Partner hat zum einen die Aufgabe, bei schweren Lasten zu helfen und zu sichern, zum anderen kann er Ihre Haltung und die Bewegungsausführung beobachten und auf eventuelle Haltungsfehler hinweisen. Zur Haltungskontrolle kann auch ein Spiegel hilfreich sein.
- Keine Preßatmung beim Überwinden des Widerstandes! Konzentrieren Sie sich besonders auf eine ruhige und gleichmäßige Atmung. So vermeiden Sie extreme Blutdruckanstiege.
- Die Trainingsgewichte, Wiederholungszahlen und Serien, mit denen Sie trainieren, müssen sich immer an Ihrer aktuellen Belastbarkeit orientieren. Nur so ist gewährleistet, daß Bänder, Sehnen, Gelenke und Knochen des passiven Bewegungssystems vor Überlastungen sowie die Muskulatur vor Verletzungen geschützt ist.
- Es ist empfehlenswert, daß Sie die Muskelgruppen von Agonist und Antagonist in einem funktionell ausgewogenen Verhältnis trainieren, um muskuläre Dysbalancen zu vermeiden.
- Ein Gerätetraining sollte nicht nach einer ermüdenden Trainingseinheit durchgeführt werden. Die Muskulatur und die passiven Strukturen (Bänder, Sehnen und Gelenke) sind in ermüdetem Zustand verletzungsanfälliger.
- Sie können die Wirkrichtung Ihres Krafttrainings beeinflussen. Folgt nach einer Krafttrainingseinheit eine passive Regenerationsphase, wirkt der Kraftreiz am stärksten. Folgt unmittelbar auf das Gerätetraining ein kurzes Lauftraining mit intensiven Antritten, können positive Transfereffekte dazu beitragen, daß die Bewegungskoordination durch den Kraftzuwachs nicht negativ beeinflußt wird. Wird nach der Krafteinheit im REKOM-Bereich trainiert, ist die Regeneration beschleunigt. So stört Sie das Krafttraining nicht bei folgenden Trainingseinheiten, büßt jedoch an Effektivität ein.

REGENERATION

Regeneration ist ein aktiver Prozeß, der sich gleichermaßen auf Körper und Geist auswirkt. Wie Sie die Regeneration gestalten, ist abhängig von der Art der vorausgehenden sportlichen Belastung, vom Trainingszustand, von Ihrem Alter, vom psychisch-emotionalen Zustand und Ihrem sozialen Umfeld. Regeneration hat nicht nur zum Ziel, die Müdigkeit nach Training und Wettkampf zu beseitigen, sondern die funktionelle Ausgangslage im psychisch-physischen Bereich zu verbessern. Die Qualität der Regenerationsgestaltung entscheidet über die Art der Reizverarbeitung und über die Dauer der Wiederherstellung. Je schneller Sie regenerieren, desto früher können Sie sich einem neuen Belastungsreiz aussetzen.

Regenerative Maßnahmen gewinnen mit zunehmendem Alter an Bedeutung. Ältere Athleten regenerieren nicht mehr so schnell wie jüngere. Dies müssen Sie in der Trainings- und Wettkampfplanung ebenso berücksichtigen wie in der Gestaltung der Regeneration.

Im folgenden wollen wir Ihnen einige Möglichkeiten zur Entspannung und Regeneration vorstellen. Je nach persönlicher Neigung und geistig-körperlicher Verfassung sollten Sie unterschiedliche Verfahren einsetzen. Diese sind nicht unabhängig voneinander, sondern beeinflussen sich gegenseitig und dürfen nicht wahllos nach dem Motto mehr ist besser angewendet werden. Vielfach ist es auch wichtig, dem Organismus Zeit zu geben, auf den Trainingsreiz zu reagieren. So kann beispielsweise der Reiz eines Krafttrainings durch Maßnahmen, die den Muskeltonus zu stark herabsetzen, gemindert werden.

Cool-down mit Lockerungs- und Dehnungsgymnastik

Am Ende einer jeden Trainingseinheit wird die Regeneration durch Abwärmen (Cooldown) eingeleitet. Ihre erhöhten Körperfunktionen werden beruhigt und Stoffwechselendprodukte abgebaut. Dazu laufen Sie mit niedriger Intensität im REKOM-Bereich und lockern und dehnen die stark beanspruchten Muskelgruppen (Dauer: mindestens 10 Minuten).

Ausgleich des Flüssigkeits- und Energiedefizits

Sofort im Anschluß an die körperliche Aktivität sollten Sie das entstandene Flüssigkeits- und Energiedefizit, auch ohne Durst- oder Hungergefühl, ausgleichen. Wir empfehlen Ihnen kalte isotonische und mineralhaltige Getränke (Apfelsaftschorle), die schnell vom Körper aufgenommen werden können. Alkoholische Getränke als primärer Durstlöscher sind zu vermeiden, da Alkohol die anabolen (aufbauenden)

Prozesse in der Erholungsphase beeinträchtigt und dadurch die Leistungsentwicklung hemmt. Zum Auffüllen der Energiespeicher sollten Sie eine kohlenhydratreiche Kost zu sich nehmen.

Wärmeanwendungen

Alle hier vorgestellten Wärmeanwendungen sollten Sie nur bis zwei Tage vor einem Wettkampf anwenden. Der gesenkte Muskeltonus und die Form der Stoffwechselbeanspruchung hätten einen negativen Einfluß auf Ihre Leistungsfähigkeit. Bei akuten Erkrankungen mit Fieber und Entzündungen oder grippalen Infekten dürfen Sie keine Wärme anwenden.

Entmüdungsbäder

Entmüdungsbäder, als Teil- oder auch Vollwasserbäder, beeinflussen die Regeneration positiv. Sogar relativ heiße Bäder, die den Kreislauf zusätzlich belasten, sind entspannend für Körper und Geist. Die durchdringende Wärme hilft Ihrem Körper bei der Verarbeitung von Stoffwechselendprodukten und steigert die allgemeine Durchblutung. Bei einer Wassertemperatur von unter 40 °C sollte ein Vollbad etwa 20 Minuten dauern. Nach dem Bad packen Sie sich warm ein, und ruhen Sie sich für etwa 30 Minuten aus.

Entspannungsduschen

Für den Kreislauf weniger belastend, aber gleichermaßen sehr entspannend ist ein heißes Duschbad. Sie können auch je nach Wohlbefinden im Wechsel heiß und kalt duschen. Neben der spürbar entspannenden Wirkung sagt man dem Wechselduschen auch noch einen Abhärtungseffekt nach.

Sauna

Sauna ist aus dem Sportleralltag nicht mehr wegzudenken. Nicht Anzahl oder Dauer der Durchgänge, sondern einzig persönliches Wohlbefinden ist beim Saunieren entscheidend. Ein Saunabesuch kann 3 bis 4 Durchgänge mit je 8 bis 15 Minuten betragen. Nach jedem Durchgang sollten Sie sich an der frischen Luft abkühlen, erst danach kalt abduschen oder in kaltes Wasser eintauchen. Es folgt eine Erholungsphase im Ruheraum. Den entstehenden Wasserverlust durch das Schwitzen müssen Sie unmittelbar danach ausgleichen. Wollen Sie direkt nach dem Training in die Sauna gehen, sollten Sie sich mit einem Durchgang begnügen.

Fangopackungen und Moorbäder

Diese Warmanwendungen über 15 bis 20 Minuten haben einen stark hyperämisierenden (durchblutungsfördernden) Effekt durch ihre Eigenschaft, viel Wärme auf einen lokal begrenzten Bereich zu übertragen. Die Wärmebildung löst muskuläre Verspannungen und beschleunigt den Stoffwechsel. Stoffwechselendprodukte werden so schneller abgebaut.

Massage

Für alle Leistungssportler ist der Gang zum Masseur / Physiotherapeuten eine Selbstverständlichkeit. Aber auch jeder Sportler, der regelmäßig trainiert und an Wettkämpfen teilnimmt, sollte eine Massage nutzen, um seine volle persönliche Leistungsfähigkeit zu erhalten. Weiterhin unterstützt die Massage den Regenerationsprozeß und kann bei regelmäßiger Anwendung prophylaktisch vor muskulären Dysbalancen, Überlastungen, Muskelverhärtungen und -verspannungen schützen.

Die Wirkungsbreite einer Massage ist äußerst groß. Muskulatur, Sehnen, Bänder, Gelenke und das Blut- und Lymphsystem werden positiv beeinflußt. Die nicht selten schmerzhaft verspannte Muskulatur wird gelockert, der Muskeltonus des erschlafften Muskels deutlich verbessert. Im Bereich der Sehnen, Bänder und Gelenke wird der geringe und langsam verlaufende Stoffwechsel angeregt. Auch Flüssigkeitsansammlungen (Schwellungen) im Bereich der Gelenke können sich zurückbilden. Der Blutkreislauf wird beschleunigt und der Stoffwechsel aktiviert.

Auf das Nervensystem wirkt eine Massage mit einer Änderung der Erregungs- und Hemmungsprozesse. Direkt im Anschluß an eine Massage ist das Erregungsniveau gehemmt, nach einigen Stunden jedoch deutlich erhöht, so daß Ihre Leistungsbereitschaft und -fähigkeit deutlich gesteigert sind.

Allgemein unterscheidet man die Trainingsmassage von der Vorwettkampfmassage. Die Vorwettkampfmassage hat ausschließlich lockernden Charakter für die Muskulatur und soll die Elastizität und den Tonus erhöhen. Günstig ist es, nach dem Aufwärmen, eine halbe Stunde vor dem Start, die Muskulatur für 5 bis 10 Minuten zu lockern. Zwischen Ganzkörpermassage und Wettkampf sollten mindestens 8 Stunden liegen. Bei starker Beinbehaarung sollten Sie die Beine rasieren, um einer möglichen Haarwurzelentzündung vorzubeugen. Für die Massage verwenden Sie Öle, die die Poren der Haut nicht verstopfen. Wählen Sie für die Vorwettkampfmassage einen erfahrenen und einfühlsamen Masseur, dann hat die Massage neben den zahlreichen physischen Wirkungen auch eine positive Wirkung auf Ihre Psyche. Nervosität und psychische Spannungszustände, wie sie beispielsweise vor Wettkämpfen nicht selten sind, können reduziert oder abgebaut werden, sei es auch nur, weil die Seele ein wenig mit‹gestreichelt› wurde.

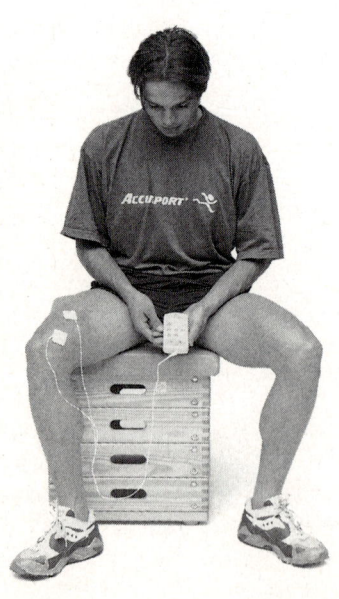

Massagegerät
im Taschenkalenderformat

Elektronische Massagegeräte

Zur ‹Selbstbehandlung› sehr geeignet sind Massagegeräte, die im TENS- (Transcutane elektrische Nervenstimulation) und Schwellstrombereich arbeiten, wie beispielsweise das Gerät ‹Accusport Relax›. Dabei werden rhythmische Impulse mit unterschiedlichen Frequenzen und Amplituden auf einzelne Nerven- und Muskelfasern gegeben. Modernste Elektronik erlaubt es, elektrische Signale so zu formen, daß der Eindruck von Klopfen und Kneten der Muskulatur entsteht. Damit können Sie Ihre Muskulatur lockern, eine verbesserte Durchblutung von Haut und Muskulatur erreichen und bei Muskelschmerzen diese deutlich lindern.

Kälte- und Eisanwendungen

Der Kältereiz kurzer Teilbäder in lauwarmem oder kaltem Wasser hilft dem Körper, vor allem bei hohen Temperaturen, Wärme abzugeben. Außerdem wirkt der Kältereiz abschwellend auf belastete Gelenke. Nach dem Bad sollten Sie sich in Decken warm einpacken und etwa 30 Minuten ruhen.

Eisanwendungen können Sie nutzen, um Schwellungen im Bereich der Gelenke zu reduzieren und die Regeneration stark belasteter Muskelgruppen zu beschleunigen. Dazu werden auf die betroffenen Körperpartien Eispackungen aufgelegt, oder sie werden mit Eis abgerieben. Die Dauer einer Eisbehandlung darf 7 Minuten nicht überschreiten. Mit der Kälteanwendung weicht das Blut aus der Haut wieder in die Muskulatur zurück, Stoffwechselendprodukte werden schneller beseitigt und die Regeneration beschleunigt. Bei punktuellem Eiskontakt sollten Sie ein feuchtes Tuch zwischen Haut und Eis legen, um Hautschädigungen zu vermeiden.

Solarium

Bei Nutzung eines Solariums sind die Herstellerempfehlungen zu beachten. Tägliches ‹Braten› auf der Sonnenbank sollten Sie wegen des erhöhten Hautkrebsrisikos vermeiden. Etwa 30 Solariumbesuche im Jahr scheinen der Haut nicht zu schaden. Im Gegenteil: Besonders in der sonnenarmen Zeit sind Sonnenbäder zu empfehlen. Als positive Wirkungen der ‹künstlichen Sonne› sind die Bildung des Vitamins D3 in der Haut und der Gehalt von Kalzium und Phosphor sowie der Leukozyten und des Hämoglobins im Blut hervorzuheben (Troer 1995). Außerdem wirkt es stimmungsaufhellend und bereitet Sie auf intensive Sonneneinstrahlung wie beispielsweise bei langen Wettkämpfen in sonnigen Gefilden vor. Die Gefahr eines Sonnenbrandes kann vermindert werden, und ‹Sonnenstress› wird besser verkraftet. Sonnenanwendungen dürfen jedoch bei Infektionskrankheiten (auch grippalen Infekten) nicht erfolgen.

Ausreichend Schlaf

Ausreichender Nachtschlaf ist besonders wichtig zur Erholung. Wachstumshormone, die für Zellwachstum und Regeneration wichtig sind, werden vorwiegend im Schlaf ausgeschüttet. Wieviel Stunden Schlaf der einzelne benötigt, läßt sich nicht verallgemeinern. Für Sportler sind mindestens 7 Stunden zu empfehlen. Wenn Sie es sich leisten können, ist das kurze ‹Mittagsschläfchen› (etwa 30 Minuten) regenerationsfördernd, insbesondere nach anstrengenden Trainingseinheiten.

Regenerations- und Kompensationstraining (REKOM)

Das REKOM-Training ist gekennzeichnet durch kurze Belastungen in niedriger Intensität, vorzugsweise in einer anderen (nicht völlig ungewohnten) Sportart. Es wirkt sich besonders günstig auf die Wiederherstellungsprozesse und die Leistungsbereitschaft aus, vor allem nach intensiven Trainings- und Wettkampfbelastungen (vgl. Programme 1, 24, 30, 31).

Progressive Muskelrelaxation (PMR) und muskuläres Tiefentraining (mtt)

Die **progressive Muskelrelaxation** wurde in den 20er Jahren von dem Arzt Edmund Jacobson entwickelt und ist eine Methode, die über den Wechsel von Entspannung und Anspannung bestimmter Muskelgruppen einen Zustand der Entspannung herbeiführt. Das muskuläre Tiefentraining, frei von philosophischen und meditativen Ansprüchen, ist die einfachste Form der progressiven Muskelrelaxation und zielt ebenfalls auf die Entspannung einzelner Muskelgruppen ab.

Das **muskuläre Tiefentraining** (mtt) kann ohne Vorerfahrung sofort wirksam angewendet werden. Sind einzelne Muskelgruppen besonders belastet, wird die Spannung der betroffenen Muskelpartien durch kontinuierliches isometrisches Anspannen so weit erhöht, bis die Muskulatur zu zittern anfängt. Danach lösen Sie schlagartig die Spannung. Darauf reagiert der Organismus mit vermehrter Durchblutung und die Muskulatur mit einer tiefen Entspannung.

Naive Entspannungstechniken

Zu den naiven Entspannungstechniken zählt alles, was Sie gerne und mit Muße tun und was Ihre Entspannung unterstützt. Für den einen ist es der Spaziergang mit dem Hund, für den anderen der Kinobesuch, Fernsehen, Musik hören, das Zusammensein mit dem Partner oder anderes. Sie sind nicht erlernbar und werden meist nicht planmäßig eingesetzt, berücksichtigen jedoch in der Regel sehr individuell die persönlichen Bedürfnisse.

ANHANG

Tabelle: Herzfrequenzwerte für das Training

Hf$_{max}$	95 %	90 %	85 %	80 %	75 %	70 %	65 %	60 %
210	200	189	179	168	158	147	137	126
208	198	187	177	166	156	146	135	125
206	196	185	175	165	155	144	134	124
204	194	184	173	163	153	143	133	122
202	192	182	172	162	152	141	131	121
200	190	180	170	160	150	140	130	120
198	188	178	168	158	149	139	129	119
196	186	176	167	157	147	137	127	118
194	184	175	165	155	146	136	126	116
192	182	173	163	154	144	134	125	115
190	181	171	162	152	143	133	124	114
188	179	169	160	150	141	132	122	113
186	177	167	158	149	140	130	121	112
184	175	166	156	147	138	129	120	110
182	173	164	155	146	137	127	118	109
180	171	162	153	144	135	126	117	108
178	169	160	151	142	134	125	116	107
176	167	158	150	141	132	123	114	106
174	165	157	148	139	131	122	113	104
172	163	155	146	138	129	120	112	103
170	162	153	145	136	128	119	111	102
168	160	151	143	134	126	118	109	101
166	158	149	141	133	125	116	108	100
164	156	148	139	131	123	115	107	98
162	154	146	138	130	122	113	105	97
160	152	144	136	128	120	112	104	96
158	150	142	134	126	119	111	103	95
156	148	140	133	125	117	109	101	94
154	146	139	131	123	116	108	100	92
152	144	137	129	122	114	106	99	91
150	143	135	128	120	113	105	98	90

Geschwindigkeitstabelle für den Lauf-Feldstufentest

Strecke	10,0 km/h	11,5 km/h	13,0 km/h	14,5 km/h	16,0 km/h	17,5 km/h	19,0 km/h	20,5 km/h
100	0:36	0:31	0:28	0:25	0:23	0:21	0:19	0:18
200	1:12	1:03	0:55	0:50	0:45	0:41	0:38	0:35
300	1:48	1:34	1:23	1:14	1:08	1:02	0:57	0:53
400	2:24	2:05	1:51	1:39	1:30	1:22	1:16	1:10
500	3:00	2:37	2:18	2:04	1:53	1:43	1:35	1:28
600	3:36	3:08	2:46	2:29	2:15	2:03	1:54	1:45
700	4:12	3:39	3:14	2:54	2:38	2:24	2:13	2:03
800	4:48	4:10	3:42	3:19	3:00	2:45	2:32	2:20
900	5:24	4:42	4:09	3:43	3:23	3:05	2:51	2:38
1000	6:00	5:13	4:37	4:08	3:45	3:26	3:09	2:56
1100	6:36	5:44	5:05	4:33	4:08	3:46	3:28	3:13
1200	7:12	6:16	5:32	4:58	4:30	4:07	3:47	3:31
1300	7:48	6:47	6:00	5:23	4:53	4:27	4:06	3:48
1400	8:24	7:18	6:28	5:48	5:15	4:48	4:25	4:06
1500	9:00	7:50	6:55	6:12	5:38	5:09	4:44	4:23
1600	9:36	8:21	7:23	6:37	6:00	5:29	5:03	4:41
1700	10:12	8:52	7:51	7:02	6:23	5:50	5:22	4:59
1800	10:48	9:23	8:18	7:27	6:45	6:10	5:41	5:16
1900	11:24	9:55	8:46	7:52	7:08	6:31	6:00	5:34
2000	12:00	10:26	9:14	8:17	7:30	6:51	6:19	5:51

Geschwindigkeitstabelle für den Conconi-Test

	0 bis 1000 m	1000 bis 2000 m	2000 bis 3000 m	3000 bis 4000 m
50 m	0:15	4:49,6	8:40,6	11:59,4
	0:30	5:02.2	8:51,2	12:08,6
	0:45	5:14,5	9:01,7	12:17,8
200 m	1:00,0	5:27,0	9:12,3	12:27,1
	1:14,4	5:38,9	9:22,6	12:36,1
	1:28,8	5:50,9	9:32,9	12:45,1
	1:43,1	6:02,9	9:43,1	12:54,1
400 m	1:57,5	6:15,0	9:53,4	13:03,1
	2:11,3	6:28,5	10:03,4	13:11,9
	2:25,1	6:38,1	10:13,4	13:20,7
	2:38,8	6:49,7	10:23,4	13:29,5
600 m	2:52,5	7:01,4	10:33,4	13:38,2
	3:05,8	7:12,7	10:43,1	13:46,8
	3:19,1	7:24,0	10:52,8	13:55,4
	3:32,4	7:35,2	11:02,6	14:03,9
800 m	3:45,8	7:46,4	11:12,3	14:12,5
	3:58,6	7:57,3	11:21,8	14:20,9
	4:11,5	8:08,2	11:31,1	14:29,3
	4:24,3	8:19,1	11:40,8	14:37,6
1000 m	4:37,2	8:30,0	11:50,2	14:46,0

Geschwindigkeitstabelle für verschiedene Strecken

| Geschwindigkeit | | | Zeit (h.min:sec) | | | | | | | | |
V (m/s)	V (km/h)	V (min/km)	Zeit 200m	Zeit 300m	Zeit 1000m	Zeit 2000m	Zeit 3000m	Zeit 5000m	Zeit 10000m	Zeit 21,1 km	Zeit 42,2 km
2,5	9,00	6:40	1:20	2:0	6:40	13:20	20:0	33:20	1.06:40	2.20:0	4.41:18
2,6	9,36	6:25	1:17	1:55	6:25	12:49	19:14	32:3	1.04:06	2.14:37	4.30:29
2,7	9,72	6:10	1:14	1:51	6:10	12:21	18:31	30:52	1.01:44	2.09:38	4.20:28
2,8	10,08	5:57	1:11	1:47	5:57	11:54	17:51	29:46	59:31	2.05:0	4.11:10
2,9	10,44	5:45	1:09	1:43	5:45	11:30	17:14	28:44	57:28	2.00:41	4.02:30
3	10,80	5:33	1:07	1:40	5:33	11:07	16:40	27:47	55:33	1.56:40	3.54:25
3,1	11,16	5:23	1:05	1:37	5:23	10:45	16:08	26:53	53:46	1.52:54	3.46:51
3,2	11,52	5:13	1:02	1:34	5:13	10:25	15:38	26:02	52:05	1.49:23	3.39:46
3,3	11,88	5:03	1:01	1:31	5:03	10:06	15:09	25:15	50:30	1.46:4	3.33:06
3,4	12,24	4:54	0:59	1:28	4:54	9:48	14:42	24:31	49:01	1.42:56	3.26:50
3,5	12,60	4:46	0:57	1:26	4:46	9:31	14:17	23:49	47:37	1.40:0	3.20:56
3,6	12,96	4:38	0:56	1:23	4:38	9:16	13:53	23:09	46:18	1.37:13	3.15:21
3,7	13,32	4:30	0:54	1:21	4:30	9:01	13:31	22:31	45:03	1.34:36	3.10:04
3,8	13,68	4:23	0:53	1:19	4:23	8:46	13:09	21:56	43:52	1.32:06	3.05:04
3,9	14,04	4:16	0:51	1:17	4:16	8:33	12:49	21:22	42:44	1.29:45	3.00:19
4	14,40	4:10	0:50	1:15	4:10	8:20	12:30	20:50	41:40	1.27:30	2.55:49
4,1	14,76	4:04	0:49	1:13	4:04	8:08	12:12	20:20	40:39	1.25:22	2.51:31
4,2	15,12	3:58	0:48	1:11	3:58	7:56	11:54	19:50	39:41	1.23:20	2.47:26
4,3	15,48	3:53	0:47	1:10	3:53	7:45	11:38	19:23	38:46	1.21:24	2.43:33
4,4	15,84	3:47	0:45	1:08	3:47	7:35	11:22	18:56	37:53	1.19:33	2.39:50
4,5	16,20	3:42	0:44	1:07	3:42	7:24	11:07	18:31	37:02	1.17:47	2.36:17

4,6	16,56	3:37	0:43	1:05	3:37	7:15	10:52	18:07	36:14	1:16:05	2:32:53
4,7	16,92	3:33	0:43	1:04	3:33	7:06	10:38	17:44	35:28	1:14:28	2:29:38
4,8	17,28	3:28	0:42	1:02	3:28	6:57	10:25	17:22	34:43	1:12:55	2:26:31
4,9	17,64	3:24	0:41	1:01	3:24	6:48	10:12	17:00	34:01	1:11:26	2:23:31
5	18,00	3:20	0:40	1:00	3:20	6:40	10:00	16:40	33:20	1:10:0	2:20:39
5,1	18,36	3:16	0:39	0:59	3:16	6:32	9:48	16:20	32:41	1:08:38	2:17:54
5,2	18,72	3:12	0:38	0:58	3:12	6:25	9:37	16:02	32:03	1:07:18	2:15:14
5,3	19,08	3:09	0:38	0:57	3:09	6:17	9:26	15:43	31:27	1:06:02	2:12:41
5,4	19,44	3:05	0:37	0:56	3:05	6:10	9:16	15:26	30:52	1:04:49	2:10:14
5,5	19,80	3:02	0:36	0:55	3:02	6:04	9:05	15:09	30:18	1:03:38	2:07:52
5,6	20,16	2:59	0:36	0:54	2:59	5:57	8:56	14:53	29:46	1:02:30	2:05:35
5,7	20,52	2:55	0:35	0:53	2:55	5:51	8:46	14:37	29:14	1:01:24	2:03:23
5,8	20,88	2:52	0:34	0:52	2:52	5:45	8:37	14:22	28:44	1:00:21	2:01:15
5,9	21,24	2:49	0:34	0:51	2:49	5:39	8:28	14:07	28:15	59:19	1:59:12
6	21,60	2:47	0:33	0:50	2:47	5:33	8:20	13:53	27:47	58:20	1:57:13
6,1	21,96	2:44	0:33	0:49	2:44	5:28	8:12	13:40	27:19	57:23	1:55:17
6,2	22,32	2:41	0:32	0:48	2:41	5:23	8:04	13:26	26:53	56:27	1:53:26
6,3	22,68	2:39	0:32	0:48	2:39	5:17	7:56	13:14	26:27	55:33	1:51:38
6,4	23,04	2:36	0:31	0:47	2:36	5:13	7:49	13:01	26:02	54:41	1:49:53
6,5	23,40	2:34	0:31	0:46	2:34	5:08	7:42	12:49	25:38	53:51	1:48:12
6,6	23,76	2:32	0:30	0:45	2:32	5:03	7:35	12:38	25:15	53:02	1:46:33
6,7	24,12	2:29	0:30	0:45	2:29	4:59	7:28	12:26	24:53	52:14	1:44:58
6,8	24,48	2:27	0:29	0:44	2:27	4:54	7:21	12:15	24:31	51:28	1:43:25
6,9	24,84	2:25	0:29	0:43	2:25	4:50	7:15	12:09	24:09	50:43	1:41:55
7	25,20	2:23	0:29	0:43	2:23	4:46	7:09	11:54	23:49	50:00	1:40:28

Literatur

Badtke, G. et al.: *Lehrbuch der Sportmedizin.* Stuttgart 1987, 71.

Brechtel, C.: *Muskuläres Tiefentraining. Neue Wege zur Entspannung.* Durbach 1988.

Ebersbächer, H.: *Sportpsychologie.* Reinbek 1984.

Freiwald, J.: *Aufwärmen im Sport.* Reinbek 1991.

Frey, G. / Hildenbrandt, E.: *Einführung in die Trainingslehre. Teil 1: Grundlagen.* Schorndorf 1994.

Grosser, M.: *Training der konditionellen Fähigkeiten.* Schorndorf 1989.

Hottenrott, K.: *Duathlontraining.* Aachen 1995.

Hottenrott, K. / Zülch, M.: *Ausdauerprogramme.* Reinbek 1995.

Hottenrott, K. / Urban, V.: *Handbuch für Skilanglauf.* Aachen 1996.

Jacobson, E.: *Entspannung als Therapie.* München 1993.

Jakowlew, N. N.: *Ermüdung im Sport: Grundlagen und Bedeutung.* In: Leistungssport 8 (1978) 6, 513–516.

Jonath, U. / Krempel, R. / Haag, E. / Müller, H.: *Leichtathletik 1.* Reinbek 1995.

Knebel, K.-P.: *Funktionsgymnastik.* Reinbek 1994

Krämer, H. / Zobel, K.: *Marathon.* Reinbek 1995.

Kunz, H.-R. / Schneider, W. / Spring, H. / Tritschler, T. / Inauen, E. U.: *Krafttraining.* Stuttgart, New York 1990.

Lehmann, M.: *Übertraining im Ausdauersport.* In: Bremer, D. / Engelhardt, M. / Hottenrott, K. / Neumann, G. / Pfützner, A.: *Triathlon: Orthopädische und internistische Aspekte.* Ahrensburg 1993, 85–90.

Martin, D. E. / Coe, P. N.: *Mittel- und Langstreckentraining.* Aachen 1992.

McArdle W. D. / Katch, F. I. / Katch, V. L.: *Exercise Physiology: Energy Nutrition and Human Performance.* Philadelphia 1985.

Neumann, G. / Feyerabend, D.: *Einfluß von Sporttextilien auf die Herzschlagfrequenz und Lactatregulation im Laufband-Stufentest.* Vortrag beim 34. Deutschen Sportärztekongreß, Saarbrücken 1995.

Neumann, G. / Pfützner, A. / Hottenrott, K.: *Alles unter Kontrolle. Ausdauertraining.* Aachen 1993.

Neumann, G.: *Ernährung im Sport.* Aachen 1996.

Rieder, H. / Riffelt, D. / Vierneisel, S.: *Regeneration nach sportlicher Belastung.* In: Leistungssport 18 (1988) 4, 8–15.

Schöllhorn, W.: *Schnelligkeitstraining.* Reinbek 1995.

Sommer, H. M. / Rohrscheidt, Ch. v. / Arza, D.: *Leistungssteigerung und Prophylaxe von Überlastung und Verletzung des Haltungs- und Bewegungsapparates im Sport durch alternative Gymnastik.* In: Leichtathletik 51 / 52 (1987), 1763–1766.

Stacoff, A.: *Laufschuhe müssen auch führen.* In: Spiridon 22 (1996) 2, 56–57.

Stacoff, A.: *Wie stark muß ein Laufschuh dämpfen.* In: Spiridon 21 (1995) 10, 16–18.

Steffney, M.: *Marathon-Training.* Mainz 1991.

Tittel, K.: *Beschreibende und funktionelle Anatomie des Menschen,* Jena 1994 (12), 202.

Troer, T.: *Wirkung der selektiven Ultraviolettherapie auf einige funktionelle Laborwerte.* In: Phys. Rehab. Kur Med 5 (1995), 159–160.

Unger, E.: *Handbuch für Muskeltraining.* Aachen 1995.

Zatsiorsky, V. M.: *Krafttraining. Praxis und Wissenschaft.* Aachen 1996

Fotonachweis

Namara Freitag, S. 37, S. 114
Polar Electro GmbH (Klein Gerau) S. 27, S. 47
Rowohlt S.18
Bongarts Sportfotografie GmbH S.19

Die Autoren

Dr. Kuno Hottenrott, Jahrgang 1959, habilitiert zur Zeit am Institut für Sportwissenschaft und Motologie der Philipps-Universität Marburg. 1993 Promotion zum Dr. phil. an der Universität Kassel zum Thema «Trainingssteuerung im Ausdauersport». In der Deutschen Triathlon Union war er fünf Jahre erfolgreicher Bundestrainer der Junioren und betreut seit 1995 die ungarische Triathlon-Nationalmannschaft. Er ist Verfasser zahlreicher Bücher und Publikationen zum Ausdauersport sowie zu trainingswissenschaftlichen und sportmedizinischen Fragen.

Martin Zülch, Jahrgang 1962, ist Diplomsportlehrer und arbeitet in einer Klinik für Psychosomatik und Verhaltenstherapie. Er ist B-Trainer in den Sportarten Fußball, Schwimmen und Triathlon. Außerdem ist er DSV-Skilehrer und in der Übungsleiterausbildung tätig.

Die Autoren sind selbst aktive Ausdauersportler und arbeiten seit vielen Jahren in der professionellen Betreuung von Langstreckenläufern, Mountainbikern, Duathleten und Triathleten. Sie haben namhafte Athleten auf Europa- und Weltmeisterschaften vorbereitet. Ihre langjährigen Erfahrungen geben sie mit der Buchserie «Ausdauertrainer» an ambitionierte Sportler weiter.

Unser besonderer Dank gilt Anette Zülch und Norman Stadler (Duathlon Weltmeister 1994), die bei den Fotoaufnahmen mitgewirkt haben.

Die besten Übungen

KRAFTTRAINING MIT DEM
THERA-BAND®

Weitere Informationen in der
Rowohlt Revue, kostenlos im
Buchhandel, und im **Internet:
www.rororo.de**

rororo sport